Christliche Sozialethik im weltweiten Horizont

Mit Beiträgen von
Wilhelm Ernst, Rudolf Henning, Otfried Höffe,
Obiora Ike, Helmut Juros, Jan Kerkhofs,
John Langan, João B. Libânio und Alois Sustar

Herausgegeben von
Franz Furger und Joachim Wiemeyer

ASCHENDORFF MÜNSTER

SCHRIFTEN DES INSTITUTS
FÜR CHRISTLICHE SOZIALWISSENSCHAFTEN
der Westfälischen Wilhelms-Universität Münster

Begründet von Joseph Kardinal Höffner
Herausgegeben von Franz Furger

Band 25

© 1992 Aschendorffsche Verlagsbuchhandlung GmbH & Co., Münster
Das Werk ist urheberrechtlich geschützt. Die dadurch begründeten Rechte,
insbesondere die der Übersetzung, des Nachdrucks, der Entnahme von Abbildungen,
der Funksendung, der Wiedergabe auf fotomechanischem oder ähnlichem Wege
und der Speicherung in Datenverarbeitungsanlagen bleiben, auch bei nur auszugsweiser
Verwertung, vorbehalten. Die Vergütungsansprüche des § 54, Abs. 2, UrhG,
werden durch die Verwertungsgesellschaft Wort wahrgenommen.

Gesamtherstellung: Druckhaus Aschendorff, Münster, 1992

ISBN 3-402-04533-8

Inhaltsverzeichnis

Vorwort V

Rudolf Henning
Die Bedeutung des Münsteraner Instituts für die Entwicklung der Christlichen Sozialwissenschaften in Deutschland 1

I. Christliche Sozialethik in unterschiedlichen gesellschaftlichen Kontexten

Alois Sustar
Die Stellung der Katholischen Soziallehre in einer sozialistischen Gesellschaft im Umbruch 6

Jan Kerkhofs
Soziale Marktwirtschaft und Katholische Soziallehre in Westeuropa . 17

Obiora Ike
Katholische Soziallehre und Dritte Welt aus afrikanischer Perspektive 26

João Batista Libânio
Zur komplementären Bedeutung von kirchlicher Soziallehre und lateinamerikanischer Befreiungstheologie 36

John Langan
Katholische Soziallehre in den Vereinigten Staaten von Amerika . . 41

II. Methodologische und systematische Fragen der christlichen Sozialethik

Helmut Juros
Metaethische Reflexionen zur Entwicklung der Katholischen Soziallehre 62

Otfried Höffe
Christliche Sozialethik im Horizont der Ethik der Gegenwart, zum Beispiel Menschenrechte 78

Wilhelm Ernst
Christliche Sozialethik vor neuen Herausforderungen 90

Autoren und Herausgeber 101

Vorwort

1951 hat der spätere Kardinal Joseph Höffner als Professor für Christliche Sozialwissenschaften an der Universität Münster seinen 1893 von Franz Hitze geschaffenen Lehrstuhl um ein wissenschaftliches sozialethisches Institut erweitert. Im 100. Jahr nach dem Erscheinen der ersten Sozialenzyklika „Rerum Novarum" von Papst Leo XIII. war dies den heute für das „Höffner-Institut" Verantwortlichen Anlaß, auf dieses erste Jahrhundert „Katholischer Soziallehre", in welchem der Lehrstuhl wie das Institut wenigstens für das deutschsprachige Gebiet eine wichtige Rolle gespielt haben, zurückzuschauen. Doch sollte dieser Rückblick nicht so sehr historischem Interesse dienen, als vielmehr in prospektiver Erinnerung die damaligen Probleme in die Zukunft hinein weiterdenken.

Unter dem Leitwort „Christliche Sozialethik in weltweitem Horizont" hat das Institut für Christliche Sozialwissenschaften im Februar 1991 daher Forscher aus verschiedenen Weltregionen zu einem Symposion nach Münster geladen, um zur gegenseitigen kritischen Information und Anfrage einen im ursprünglichen Wortsinn „katholischen", also grenzüberschreitenden Gedankenaustausch zu pflegen. Der vorliegende Band dokumentiert die Referate dieser Begegnung.

Bei der Vorbereitung des Symposions schien es wichtig, für Europa, wo die „soziale Frage" wie die darauf bezogene christliche ethische Auseinandersetzung ihren Ursprung haben, darauf zu achten, daß die osteuropäischen Perspektiven keinesfalls übergangen würden. Die politischen Ereignisse von 1989, die mittlerweile auch Papst Johannes Paul II. bewogen, sie in seiner Jubiläumsenzyklika „Centesimus annus" eigens in einem zentralen Kapitel zu bedenken, haben dann diesem Gesichtspunkt einen neuen und eigenen Stellenwert gegeben: Nicht nur der Bericht zur Lage aus der Sicht des slowenischen Metropoliten, Erzbischof Alois Sustar, der durch die politischen Entwicklungen im jugoslawischen Vielvölkerstaat inzwischen noch eine besondere Relevanz erhielt, gibt davon Zeugnis. Auch die Überlegungen von Helmut Juros (Warschau) und Wilhelm Ernst (Erfurt), welche diese Erfahrungen auf die methodologische und systematische Ebene transponieren, stehen im Dienst der sozialethischen Bewältigung der durch die politische Wende im Osten Europas neu sich stellenden Fragen.

Für die westeuropäische Situation, wo die Idee einer sozialen Marktwirtschaft sich nicht nur praktisch erfolgreich erwies, sondern gerade auch in der Jubiläumsenzyklika „Centesimus annus" seitens des kirchlichen Lehramts eine freilich nicht unkritische Bestätigung fand, gibt Jan Kerkhofs (Löwen) einen differenzierten Überblick, der vorschnelle, lineare (und dann meist auch überhebliche) Übertragungen von in Europa geglückten Ordnungsmodellen auf andere Weltregionen verbietet. Der knappe Rückblick auf die Tätigkeit des „Höffner-Instituts" in Münster aus der Feder seines ehemaligen „Schülers", Rudolf Henning (Freiburg i. Br.), läßt zwischen den Zeilen zudem ahnen, wieviel an Einsatz auch da für die Entwicklung zum heutigen sozialethischen Einsichtsstand nötig war. Die Lageberichte aus den USA von John Langan sowie aus Afrika von Obiora Ike zeigen aus je anderer Perspektive, was unter anderen gesellschaftlichen Voraussetzungen diesbezüglich erarbeitet wurde, bzw. noch zu erarbeiten ansteht.

Leider gelang es trotz mehrerer Versuche nicht, einen Fachmann aus Lateinamerika zu verpflichten, obwohl nicht zuletzt von den befreiungstheologischen Ansätzen her aus dieser Sicht Wichtiges hätte beigebracht werden müssen. Um diesen Gesichtspunkt dennoch in der Dokumentation nicht einfach unerwähnt zu lassen, sollen hier aus einem interdisziplinären Projekt der Deutschen Bischofskonferenz „Lateinamerikanisch-deutsches Dialog-Programm zur katholischen Soziallehre", an dem das Institut für Christliche Sozialwissenschaften aktiv beteiligt ist, einige besonders wichtige Elemente aus einer Studie des Brasilianers João Batista Libânio kurz vorgestellt werden.[1]

Wenn dieser Überblick zur Katholischen Soziallehre in prospektiver Erinnerung auf diese Weise zustandekommen und nun veröffentlicht werden konnte, so war dies nur mit dem Einsatz vieler möglich. Der Dank der Herausgeber dafür gilt zuerst den Referenten des Symposions. Er gilt nicht weniger den Mitarbeitern am Institut für Christliche Sozialwissenschaften. Er gilt aber auch dem „Verein der Freunde des ICS", ohne deren Hilfe weder das Symposion noch diese Veröffentlichung hätte zustandekommen können; wobei das Haus Aschendorff, das als Verleger sogar in besonderer Weise zu diesem Freundeskreis des ICS zählt, eigens erwähnt sei.

Franz Furger
Direktor des Instituts für Christliche Sozialwissenschaften in Münster

---

[1] Der Beitrag erscheint demnächst in P. Hünermann / J. C. Scannone / Carlos Galli (Hg.), Katholische Soziallehre, Wissenschaft, kulturelle Praxis, Evangelisierung, Mainz 1992. – Der Hinweis stützt sich auf eine vom Vf. selber erstellte spanische Zusammenfassung.

RUDOLF HENNING

Die Bedeutung des Münsteraner Instituts für die Entwicklung der Christlichen Sozialwissenschaften in Deutschland

Im Jahre 1897 notierte Conrad Gröber, damals Student an der Gregoriana, zu einer Vorlesung von Heinrich Pesch über die Sozialenzyklika Rerum Novarum: „Ein hoher Genuß, eine neue Welt ging uns damit auf... Die Kirche hat die Pflicht, nicht nur die soziale Wahrheit zu lehren, sondern auch die sozialen Rechte zu vertreten."[1] Daß solches Vorhaben sich an einer lebendig gebliebenen Überlieferung orientiert, ohne sie damit schon festzuschreiben, dafür steht dieser Lehrstuhl und dieses Institut in Münster, von denen ich zu berichten habe. Dabei verspricht der Titel meines Vortrags mehr, als ich halten kann. Oder so gesagt: Ich mache den Versuch, in der mir zugestandenen Zeit Münsteraner Beiträge zur Sache an einigen Personen deutlich zu machen. Mehr als nur Streiflichter kommen auch so nicht zustande.

I. Franz Hitze

Ein erster Name: Franz Hitze (1851–1921). Nach seinem Tode charakterisierte ihn einer seiner Weggefährten, der Moraltheologe Joseph Mausbach, wie folgt: „Während andere Menschen an ihren Beruf gebunden sind, ist Hitzes Entwicklung einen freieren Weg geschritten. Lange Jahre hindurch war Hitze eigentlich berufslos; man wußte so recht keinen Titel für ihn. Er hieß Kaplan Hitze, war aber keiner Pfarre zugeschrieben; er wurde dann bald ein anerkannter Gelehrter, hatte aber keinen Doktortitel – die drei Doktornamen... sind ihm ehrenhalber verliehen worden;... er wurde Professor, aber es war kein Fach da, das seiner großen Veranlagung entsprach."[2] Richtig daran ist, daß der am 13. Juni 1893 zum außerordentlichen Professor für Christliche Gesellschaftslehre ernannte Hitze am 1. Oktober desselben Jahres ein zu diesem Zeitpunkt freigewordenes Extraordinariat in der Theologischen Fakultät erhielt, wobei zuvor auch eine Zuordnung zur Philosophischen Fakultät ins Auge gefaßt und strittig war.[3] Richtig ist auch – und dies sei mit Joseph Höffner voller Respekt bemerkt –, „daß Hitzes parlamentarische

---

[1] C. Gröber, Aus meinem römischen Tagebuch (1893–1897), Freiburg 1947.
[2] Zitiert bei: H. Weber, Franz Hitze; in: Rheinisch-Westfälische Wirtschaftsbiographien, Bd. I, H. 2., Münster 1932, 334f.
[3] Vgl. dazu E. Hegel, Die Berufung Franz Hitzes an die Akademie in Münster; in: Wissenschaft – Ethos – Politik. Festschrift J. Höffner. Münster 1966, 21ff.

Überlastung die akademische Tätigkeit in Münster stark hemmte".[4] Einen Eindruck von dieser Last, von Hitzes verdienstvollem Wirken im Reichstag, vermittelt Heinrich Webers Würdigung, man werde „die Regierung des kaiserlichen Deutschland als den cunctator maximus bezeichnen können, dem Hitze jeden sozialpolitischen Fortschritt mühsam abringen mußte".[5] Zu den folgenreichen Einsichten Hitzes gehörte auch, die christliche Arbeiterbewegung könne nicht bei konfessionellen Standesvereinen stehen bleiben; sie brauche Gewerkschaften. Auch hierzu wieder Heinrich Weber: „Für Hitze war es daher wohl lediglich eine taktische Frage, daß er zunächst gleichsam als Fundament die kirchlichen Arbeitervereine ins Leben rief, damit daran die Gewerkschaften anknüpfen konnten."[6] Und schließlich gerade noch zwei Äußerungen Hitzes zum Fragenkreis Soziale Mißstände, Sozialdemokratie und Sozialreform: Für Hitze stellte die Sozialdemokratie „eine neue Weltanschauung dar, die zwar vor allem durch die sozialen Mißstände ihre umfassende Bedeutung gewonnen hat, die aber nicht durch Milderung dieser Mißstände nun ebenso schnell wieder beseitigt wird".[7] Allerdings: Der Patriot Hitze sah zu Kriegsbeginn doch auch wieder Gemeinsamkeiten – eben dank der Sozialreform! Am Anfang der Skizze seiner Vorlesung im WS 1914/15 findet sich der denkwürdige Satz: „Die nationale Begeisterung, die physische und sittliche Kraft, der Heldenmut und die Geschlossenheit unseres Volkes (einschl. der Sozialdemokratie) in dem heutigen Welt-Krieg ist vor allem zu danken unserer Sozialreform und Wohlfahrtspflege."[8] Dabei gilt freilich – und das wußte Franz Hitze am besten –: Sozialreform und Wohlfahrtspflege können weitaus mehr und sollten anderes bewirken wollen.

II. Heinrich Weber

Ein zweiter Name, von dem bereits die Rede war: Heinrich Weber (1888–1946). Im Jahre 1912 zum Priester geweiht, wurde er 1922 Ordinarius für soziales Fürsorgewesen und Gesellschaftslehre in der Rechts- und Staatswissenschaftlichen Fakultät und nahm in der Theologischen Fakultät in der Hitze-Nachfolge einen Lehrauftrag wahr. 1935 nach Breslau zwangsversetzt, kehrte er nach dem Kriege an seine alte Fakultät zurück, von wo er die Sozialforschungsstelle der Universität Münster in Dortmund mitbegründete und deren Direktion übernahm. Zu dem, was Heinrich Weber dachte und wollte: Im Mittelpunkt stand für ihn – und das erinnert an die Zielsetzung des Volksvereins für das katholische Deutschland – die „auf sozialem Verständnis und Verantwortlichkeitsgefühl aufgebaute Volksgemeinschaft".[9] Wer Zuständereform will, muß mit einer Gesinnungsreform anfangen. Das liest sich beispielsweise so: „Das Liebesgebot muß sich auch im Wirtschaftsleben auswirken...

---

[4] J. Höffner, Art. Hitze; in: Staatslexikon. 6. Aufl. Freiburg 1959, Sp. 108.
[5] H. Weber, Franz Hitze, aaO, 329.
[6] Ebd. 327.
[7] F. Hitze, Die Arbeiter-Sozialpolitik, Berlin 1914, 61.
[8] Ders., Wohlfahrtspflege und Charitas. Vorlesungsskizze. Münster (Coppenrath) o. J. (1914).
[9] H. Weber, Akademiker und Wohlfahrtspflege im Volksstaat, Essen 1922, Einleitung III.

als Empfinden für die sozialen Nöte."[10] Und weiter: „In dieser Zielstrebigkeit liegt ein bewußtes Abweichen von der Wirtschaftsdämonie, von dem Erwerb lediglich des Erwerbes willen, eine Sanktionierung des Primates des Dienstes vor dem Verdienst."[11] Weil der wirtschaftende Mensch immer nur Anteilseigner an einem gemeinsamen Nutzen zu sein hat, steht für die Wirtschaftsgesellschaft solches Sanktionieren als Daueraufgabe an. Zum Beispiel: In seinem mit Peter Tischleder erarbeiteten Handbuch der Wirtschaftsethik heißt es zukunftsweisend: Das reine Lohnsystem ist keine naturrechtliche Notwendigkeit; so „wird man trotz nachdrücklicher Hervorhebung der entgegenstehenden praktischen Schwierigkeiten die Bestrebungen, die Arbeiter am Unternehmensbesitz und -gewinn stärker zu beteiligen, nicht von vornherein als sozialistisch und eigentumsfeindlich abweisen".[12] Schließlich noch dieses: Webers besonderen Beitrag im Gesamt des Münsteraner Engagements sehe ich in seinem überzeugenden Eintreten für eine private Wohlfahrtspflege, die neben der öffentlichen Wohlfahrtspflege und der Sozialpolitik ein eigenständiges Daseinsrecht besitzt und zu behaupten hat.[13] Weber mahnt hierfür bei der kirchlichen Wohlfahrtspflege die „Erfüllung gewisser Voraussetzungen" an. Er zählt darunter eine „zweckmäßige Organisation" und die Bereitschaft, „daß die caritativen Anstalten, auch ohne gesetzlich dazu verpflichtet zu sein, im vollen Bewußtsein jener Verantwortung, die ihnen die Bewirtschaftung eines für caritative Zwecke bestimmten Sach- und Geldkapitalfonds auferlegt, sich freiwillig bei ihrer Betriebsführung die Überprüfung und Beratung erfahrener Fachleute sichern".[14]

III. Joseph Höffner

Ein dritter Name, ein Programm: Joseph Höffner (1906–1987). Im 29. Band (1988) des von ihm begründeten Jahrbuchs findet sich mein Beitrag „In memoriam Joseph Kardinal Höffner". Ich habe dort versucht, Höffners Wirken als Professor und Institutsdirektor in Münster zu würdigen. Einiges darf dem hinzugefügt werden. Zunächst: Höffner bedeutete für die Christliche Sozialwissenschaft in der Kath.-Theol. Fakultät einen Neubeginn, weshalb man ihn – durchaus unpathetisch – unter die Gründer-Väter einreihen kann. „Vater Joseph" – so nennt ihn bis heute der große Kreis der „Ehemaligen" des Instituts. Daß es diese Ehemaligen gibt, verdankt sich einer Höffner eigenen Versammlungs- und Verhandlungskunst. Das soll heißen: Die ihm personell wie materiell zugestandenen Möglichkeiten nutzte der Professor zum Aufbau eines Instituts, in welchem viele als Lernende und Mitarbeitende heimisch wurden, und dies über Fakultätsgrenzen hinweg. Ein Institutsdiplom, das Jahrbuch und eine Schriftenreihe sorgten auf ihre Weise für Publizität. Höffner selber setzte zudem eigene Akzente, z. B. durch seine Beratertätigkeit in Bonner Ministerien, die u. a. in das Konzept einer „dynamischen Rente"

---

[10] Ders., Caritas und Wirtschaft; in: Jahrbuch der Caritaswissenschaft. Freiburg 1930, 15.
[11] Ebd.
[12] H. Weber / P. Tischleder, Handbuch der Sozialethik, Bd. 1, Wirtschaftethik, Essen 1931, 537.
[13] H. Weber, Das Lebensrecht der Wohlfahrtspflege, Essen 1920, passim.
[14] Ders., Betriebsführung in caritativen Anstalten, Berlin 1933, H. 5, Vorwort IV.

einging. Zu erwähnen ist auch Joseph Höffners Lehrbuch, sein Grundriß der Christlichen Gesellschaftslehre, der, oft und erweitert aufgelegt, inzwischen in acht Sprachen vorliegt. Bleibt noch dieses zu sagen: Versucht man, in den vielen Veröffentlichungen Höffners ein ihn durchgängig bewegendes Thema herauszufinden, so bietet sich das Begriffspaar an, mit dem er seine Habilitationsschrift überschrieb: Christentum und Menschenwürde – ein Lehrstück für Menschlichkeit und Unmenschlichkeit, das nach wie vor weiterwirkt. Höffner hat dazu einiges angemerkt, was die Anlässe und Ansätze seines Argumentierens gut verdeutlicht, etwa dieses: „Die spanischen Theologen des 16. Jahrhunderts haben – gestützt auf die Grundsätze des Naturrechts – in edler und mutiger Weise die Übergriffe christlicher Staaten gegen überseeische Völker zurückgewiesen. Damals sind naturrechtliche Normen einer internationalen Ethik aufgestellt worden, die unsere Bewunderung verdienen. Man wird dasselbe nicht in allen Stücken von den Thesen behaupten können, die unter Berufung auf die christliche Offenbarung – also gleichsam aus sozialtheologischer Sicht – vertreten worden sind."[15] Ein zweiter Hinweis geht in dieselbe Richtung: „Die kolonialethische Fragestellung trat immer mehr in den Hintergrund. In den katholischen moraltheologischen Werken des 19. und 20. Jahrhunderts spielt die Kolonialethik kaum noch eine Rolle, obwohl doch zur selben Zeit der Kolonialimperialismus seinen Höhepunkt erreichte und dann – mit seinem Zusammenbruch – neue und schwere Probleme auftauchten."[16]

IV. Wilhelm Weber

Ein letzter Name, ein freundschaftliches Gedenken: Wilhelm Weber (1925–1983). Als Joseph Höffner 1962 Bischof von Münster wurde, sah er in Wilhelm Weber den kommenden Nachfolger für Lehrstuhl und Institut. Höffner täuschte sich nicht – und Webers Wirken hat solchem Vertrauen unzweideutig entsprochen. Hier kann davon wiederum nur einiges für vieles stehen. In seinen Untersuchungen über die Wirtschaftsethik am Vorabend des Liberalismus und über Geld und Zins in der spanischen Spätscholastik beweist Weber, wie es gelingen kann, Aussagen von damals wie die zur Eigentumslehre und zur Lohn- und Zinsgerechtigkeit in ihrer Zeitbedingtheit zu begreifen und zugleich für aktuelle Fragepunkte aussagefähig zu machen. In einer umfangreichen Äußerung zu Gegenwartsfragen einer Währungsethik findet sich neben anderem die Frage behandelt, worin denn die ethische Problematik einer internationalen Währungsordnung liege – ein Thema, das ihn, der auch Lehrbeauftragter mit Promotionsrecht in der Rechts- und Staatswissenschaftlichen Fakultät war, sehr beschäftigt hat. Zu den Kernfragen sozialer Gerechtigkeit gehörte für Weber zudem die Frage nach einem die betroffenen Menschen tatsächlich erreichenden Ausgleich des Gefälles zwischen Industriegesellschaften und Entwicklungsländern, ein Problem, das Weber als Berater der Zweiten Bischofssynode (Rom 1971) und als Mitglied in Beiräten staatlicher und kirchlicher Leitungsorgane unter verschiedenen Aspekten ansprach. Als eine in der Sache echte Herausforderung sah Wilhelm Weber seine

---

[15] J. Höffner, Kolonialismus und christliche Ethik; in: Gesellschaftspolitik aus christlicher Weltverantwortung. Münster 1966, 134.
[16] Ebd. 135f.

Aufgaben als wissenschaftlicher und geistlicher Berater des Bundes katholischer Unternehmer (BKU). Davon zeugen seine Ausarbeitungen zum Problem der Arbeitslosigkeit, zur Mitbestimmung und zum Miteigentum im Unternehmen, im besonderen zur Sozialgestalt des Unternehmers. Weber plädiert entgegen der Marxschen Arbeitswertlehre für einen Begriff von produktiver Arbeit, der das unternehmerische Element und die Übernahme des Vermögensrisikos mit einschließt. Weber merkt kritisch an, das Marxsche Denken habe „in diesem Punkt auch innerhalb der Kirchlichen Soziallehre seinen Eindruck nicht verfehlt": So in Rerum Novarum (Nr. 27), wo seines Erachtens von den Arbeitern, den opifices, in zu starker Annäherung an die Marxsche Engführung des Arbeitsbegriffs die Rede ist.[17] Führte Weber bei Aussagen wie letzterer deren Mängel auf eine ungenügende Reflexion wirtschaftlicher Zusammenhänge zurück, so wurden seine Einwände entschiedener, wenn er befürchtete, christliche Theologie könne zu einer „auswechselbaren Chiffre" mißraten. Man erinnert sich an die heftige Auseinandersetzung um die „Theologie der Befreiung". Weber sah in ihr die Absicht am Werk, „politischer ‚Befreiung' vor christlicher ‚Erlösung' den Primat einzuräumen".[18] Wie dem auch sei: Auf dem Theologenkongreß der Zeitschrift Concilium im vergangenen Jahr war man sich jedenfalls wohl unwidersprochen darin einig, „die politischen Veränderungen zwischen Ost und West beeinflußten zweifellos auch die Theologie der Befreiung. Die Theologen Lateinamerikas müßten neben der sozialen Analyse nun die Frömmigkeit des Volkes, seinen Glauben und seine Symbole noch besser bedenken."[19]

---

[17] W. Weber, Person in Gesellschaft, München u. a. 1978, 416. Dazu auch Ders., Der Unternehmer, Köln 1973.
[18] Ders., Wenn aber das Salz schal wird... Der Einfluß sozialwissenschaftlicher Weltbilder auf theologisches und kirchliches Sprechen und Handeln. Würzburg 1984, 22.
[19] L. Boff, zitiert nach Christ in der Gegenwart, 42 (1990), 403.

ALOIS SUSTAR

Die Stellung der Katholischen Soziallehre in einer sozialistischen Gesellschaft im Umbruch

I. Christliche und marxistische Anthropologie und ihre Folgen

Der Unterschied zwischen der Katholischen Soziallehre und dem marxistischen Verständnis der Gesellschaft, nach dem mehr oder weniger alle sozialistischen gesellschaftspolitischen Systeme konzipiert worden sind, besteht darin, daß die Katholische Soziallehre ihrem Wesen nach auf der Moral gründet. Es handelt sich um die Artikulation und Entfaltung moralischer Prinzipien vom katholischen Standpunkt aus, nach denen das menschliche Leben in seinen gesellschaftlichen Dimensionen aufgebaut werden soll. Der Marxismus dagegen lehnt bereits von seinem Anfang an jede Moral als Denkmodell und Leitbild ab. Der Marxismus selbst will nicht als Moral, sondern als Wissenschaft verstanden werden.

Aus diesem Grund kennt der Marxismus auch keine eigene Moral oder Ethik. Die Politik absorbiert alle Ebenen des heutzutage sehr differenzierten gesellschaftlichen Lebens, der staatspolitische Apparat wird zum allmächtigen Machthaber, zum höchsten und unfehlbaren Richter über Wahrheit und Irrtum, wie vor Jahren ein führender slowenischer Marxist sagte (J. Potrc). Die ablehnende Haltung der Moral von seiten des Marxismus geht aber bereits aus dem Wesen des Marxismus selbst hervor. Entscheidend sind vor allem folgende Hauptthesen:

1. Im Gegensatz zum sogenannten „utopischen" Sozialismus will der Marxismus als „wissenschaftlicher" Sozialismus verstanden werden. Das heißt, daß dieser seine Bemühungen nach einer gerechten, freien und brüderlichen Gesellschaft nicht mit ethischen und moralischen Forderungen begründet, sondern sie viel mehr als logische und notwendige Folgerung einer wissenschaftlich nachweisbaren Entwicklung versteht. Durch die geschichtlichen, gesellschaftspolitischen und ökonomischen Gesetzlichkeiten wird es zu einer vollkommenen Gesellschaft mit Sicherheit früher oder später kommen müssen. Marx hört nicht auf zu betonen, daß für ihn der Kommunismus nicht ein Zustand ist, zu dem man gelangen könnte, indem man sich bekehren und entscheiden würde, gerecht und gut zu sein. Berufungen auf moralische Forderungen hält er nicht nur für ein wirkungsloses und unfruchtbares Mittel, sondern in erster Linie als unecht und objektiv, d. h. „wissenschaftlich" gehaltlos für die Gerechtigkeit. Gelegentlich kommt zwar auch Marx selber zu einer moralischen Entrüstung über ungerechte und unmenschliche Zustände besonders der Arbeiter. Doch kann diese moralische Empörung keinesfalls als theoretische Grundlage seiner Lehre angesehen werden. Bei seinem Planen zukünftiger Entwicklungen menschlicher Gesellschaft beruft er sich keinesfalls

auf moralische Forderungen nach einem menschenwürdigen Leben, sondern bloß auf Gesetzlichkeiten, denen seiner Meinung nach jede geschichtliche Entwicklung unterworfen ist und die zwangsläufig zur kommunistischen gesellschaftlichen Ordnung führt. In diesem Sinn versucht Marx in seinem Projekt der zukünftigen Gesellschaft nicht in erster Linie herauszufinden, was direkt zu korrigieren ist, um ein besseres und gerechtes menschliches Leben zu ermöglichen – damit beschäftigen sich seiner Ansicht nach die utopischen Sozialisten –, sondern er stellt bloß fest, was im Kern der Menschheitsgeschichte bereits am Werk ist.

2. Auch der Grundsatz des marxistischen Handlungsprinzips, der Klassenkampf, lehnt die Moral ab. Der Grundsatz des Klassenkampfes stellt natürlich die Frage nach dem Ziel und den Mitteln. In der Gesellschaft gibt es freilich Spannungen und Gegensätze zwischen den verschiedensten Gruppen, so kommt es auch zu Klassenkämpfen. Dabei stellt sich die Frage, ob es moralisch erlaubt sei, alle Mittel anzuwenden, die zum Erfolg der betreffenden Gruppe beitragen können. Konkret handelt es sich hier um den Erfolg des Proletariats unter der Führung der Partei, die nach der Theorie des wissenschaftlichen Sozialismus und des geschichtlichen Materialismus von der Geschichte zum Sieg bestimmt worden ist. Hier stellt sich die entscheidende Frage: Ist der Mensch verpflichtet, sich auch im Klassenkampf nach den moralischen Prinzipien und Grundsätzen zu richten – muß er z. B. auch da die Menschenrechte respektieren – und damit die Moral als etwas über dem Klassenkampf Stehendes anzuerkennen, oder aber haben die Logik und der Erfolg des Klassenkampfes allein zu bestimmen, was erlaubt ist und was nicht, so daß jede Moral dem Klassenkampf unterworfen oder zumindest diesem gleichgesetzt ist? Der klassische und vom Stalinismus geprägte Marxismus vertritt den zweiten Standpunkt, womit die Moral als solche ihrem Wesen nach beseitigt wird. Das wichtigste Kriterium ist der Sieg des Proletariats und der Revolution.

3. Der Marxismus wird dargestellt als „geschichtlicher Materialismus". Produktion und Warenaustausch, Ökonomie und gesellschaftsökonomische Beziehungen, die nach der Lehre des Marxismus im Verlauf der Geschichte und bei den Handlungen der Menschen von entscheidender Bedeutung sind, stehen im Vordergrund. Diesbezüglich geht Marx manchmal dermaßen weit, daß man denken könnte, er negiere menschliche Freiheit und Verantwortung. Eine solche Behauptung wäre zwar übertrieben. Es ist aber wahr, daß er kein Interesse zeigt für das, was der Mensch in seinem Herzen denkt und will. Er interessiert sich ausschließlich für das, was den Menschen von außen, d. h. in seinen gesellschaftlichen Verhältnissen bestimmt und ihn zu dieser oder jener Handlung bewegt. Deswegen erwartet der Marxismus im allgemeinen von der persönlichen moralischen Umkehr nichts, und er legt auch keinen Wert darauf. Er baut alles auf den Veränderungen äußerer gesellschaftlicher und ökonomischer Strukturen auf. Diese werden von sich aus gute und selbstlose Menschen hervorbringen, die sich als „vergesellschaftete Menschen" die Interessen und Bedürfnisse der Gesellschaft zu eigen machen und sich mit denen identifizieren. Das Wesen des Marxismus liegt in der Priorität, die er den äußeren, vor allem den gesellschaftlichen und wirtschaftlichen Verhältnissen zuschreibt und die entscheidend das Innere des Menschen beeinflussen. Da aber die Moral gerade eine Frage des Gewissens und der individuellen und freien Entscheidungsfähigkeit ist, wird die ganze ethische Problematik als

bedeutungslose Frage zweiten Ranges angesehen. Im menschlichen Bewußtsein spiegeln sich bloß die Interessen und die Bedürfnisse der Gesellschaft, deren Mitglied der Mensch ist. Dem Marxismus ist die Vorstellung vom Menschen als Person und Individuum mit seinen Entscheidungen für gut und böse fremd. Das sittliche Gewissen, der innere geistige Kern der Person, die sowohl das Ziel als auch den Sinn aller menschlichen Bestrebungen und Aktivitäten ausmachen, sind für den Marxismus belanglos. Solange wir aber die entscheidende Rolle des Gewissens und des individuellen moralischen Bewußtseins sowie die menschlichen Grundrechte und Pflichten, das Leben nach seinem Gewissen zu gestalten, leugnen, liefern wir den Menschen als Individuum der Gesellschaft und ihrem Nutzen, also der Politik, aus.

Von Moral im echten Sinn kann erst dann gesprochen werden, wenn wir nicht die Gesellschaft und ihre Interessen, sondern den Menschen als Person, als freies, verantwortungsbewußtes und geistiges Wesen in den Mittelpunkt stellen. Dies schließt den Einfluß der gesellschaftlichen Dimensionen sowie die Verantwortung gegenüber der Gesellschaft keineswegs aus. Doch darf das nie so weit gehen, daß der Mensch in seiner Personenwürde als Mittel zu anscheinend höheren Zwecken und fernen Zielen der Zukunft degradiert wird.

Im Christentum ist die Stellungnahme zu den genannten Thesen klar. „Wurzelgrund nämlich, Träger und Ziel aller gesellschaftlichen Institutionen ist und muß auch sein die menschliche Person, die ja von ihrem Wesen selbst her des gesellschaftlichen Lebens durchaus bedarf" (GS 25). Damit ist auch gesagt, daß moralische Prinzipien und Gesetze die höchste Norm alles menschlichen Handelns auf allen Ebenen sind.

Die marxistische Auffassung von Moral, Wissenschaft und Klassenkampf hängt mit der marxistischen Anthropologie zusammen. Diese ist streng materialistisch. Nach Marx liegt der wesentlichste Unterschied zwischen Mensch und Tier darin, daß der Mensch Mittel für seinen Lebensunterhalt selber produzieren kann. Damit negiert Marx viele andere charakteristische Eigenschaften der Menschen wie das Bewußtsein und die Freiheit zwar nicht, er nimmt diese aber auch nicht zum Ausgangspunkt seiner Anthropologie. Für den Marxismus ist die Arbeit die wichtigste menschliche Dimension, von der alle anderen, darunter auch menschliche Sozialisation, bestimmt werden.

Was bewegt den Menschen, daß er sich mit der Natur auseinandersetzen will? Wo liegt der letzte Beweggrund, daß er die Natur durch die Arbeit verändern will? Es sind die Bedürfnisse des Menschen. Dies ist eine der entscheidenden und zentralen Auffassungen der marxistischen Anthropologie, die am engsten mit seinem Materialismus zusammenhängt. Gerade die Verabsolutierung der Bedürfnisse erlaubt Marx nicht, die Verschiedenartigkeit der zwischenmenschlichen Beziehungen und des menschlichen Verhältnisses zur Natur zu sehen. Dies ist um so überraschender und geradezu verhängnisvoll, da gerade Marx als einer der Ersten – allerdings nach Hegel – die Entfremdung, die Unmenschlichkeit und die Versachlichung der zwischenmenschlichen Beziehungen in der damaligen industriellen Gesellschaft in aller Klarheit vorausgesehen und richtig dargelegt hat.

Hinter den entfremdeten zwischenmenschlichen Beziehungen und gesellschaftlichen Verhältnissen steht nach Marx die entfremdete Arbeit und vor allem die Arbeitsteilung. Den Kern der marxistischen Auffassung von entfremdeten gesellschaftlichen Beziehungen bildet die Theorie von Gesellschaftsklassen und von dem daraus notwendigerweise resultierenden Klassenkampf. Die Aufteilung der Gesellschaft nach Klassen (Klassengesellschaft) ist für den Marxismus nicht ursprünglich und nicht bleibend, sondern sie ist eine Sache der Geschichte. Als solche wird sie in der Geschichte auch zwangsläufig untergehen. Dazu wird es früher oder später kommen müssen.

Da die Entfremdung in zwischenmenschlichen Beziehungen in der Geschichte entstanden ist, muß sie in der Geschichte auch ihr Ende finden. Zu den wesentlichen Veränderungen kann es aber nur durch die Revolution und die damit verbundene Diktatur des Proletariats kommen. Die Proletarier sind die einzige Klasse, die sich für eine klassenlose Gesellschaft in der Welt einsetzen. Leitbild und Richtlinie dieser Bemühungen bzw. dieses „Kampfes" sind keine Moralprinzipien, die immer und überall berücksichtigt werden müßten, sondern bloß die innere Logik des geschichtlichen Verlaufes und das Gesetz des Erfolges. Konkret heißt das, daß sich ein überzeugter Marxist nicht verpflichtet fühlt, sich nach moralischen Prinzipien und Normen im Sinne eines überzeitlichen und übergeschichtlichen Kodex zu richten, der die Achtung eines jeden Menschen als Person fordert.

Nach marxistischer Erwartung wird die zukünftige klassenlose Gesellschaft auch jegliche Arbeitsteilung abschaffen und den „vollkommenen", allseitig entwickelten Menschen hervorbringen. Der spezialisierte Arbeiter der gegenwärtigen Gesellschaft wird in der kommunistischen Gesellschaft dem sogenannten „Totalmenschen" Platz machen, der zugleich als vollkommen sozialisierter Mensch leben wird. Dieser wird bis zu den letzten Grenzen seine Fähigkeiten verwirklichen. Hinter der Idee des „sozialisierten Menschen", der sämtlichen Reichtum der Menschheit verwirklichen kann, steht Hegels idealistische Theorie der Totalität bzw. die der „Totalität der Totalitäten". Es ist die Idee von vollkommener Harmonie und Versöhnung zwischen dem Individuum und der Allgemeinheit (Gesellschaft), die durch Verallgemeinung (totale Sozialisierung) des Individuums einerseits und der „Konkretisierung" des Allgemeinen (der Gesellschaft) anderseits zustande kommen kann. Mit anderen Worten, das Individuum muß vollkommen übereinstimmen mit dem gesellschaftlichen „Sein". Dafür soll aber die Gesellschaft auch die individuellsten Angelegenheiten des Menschen übernehmen. Der Marxismus drückt das mit der Maxime aus, daß die Interessen der Gemeinschaft von jedem Mitglied übernommen, die des einzelnen Mitgliedes aber „vergesellschaftet" werden müssen. Auf den ersten Blick kann diese Auffassung beinahe als ideal angesehen werden, in Wirklichkeit aber ist sie reine Utopie. Vollkommene Übereinstimmung zwischen dem Individuum und der Gesellschaft gibt es in Wirklichkeit nicht und kann sie nicht geben. Man kann wohl von einem demokratischen Übereinstimmungsprozeß sprechen. Der Stalinismus ist jedoch eine deutliche Mahnung, im welchen Ausmaß die marxistische Utopie zur schlimmsten Gewalttätigkeit ausarten kann. Wenn nämlich die „Interessen aller" die Parteiführung, die immer mehr oder weniger bürokratisch ist, bestimmt, kommen die Interessen, Bedürfnisse und Wünsche des einzelnen immer auf das Prokrustesbett.

II. Die Auswirkungen des Marxismus in Slowenien

Damit sind kurz einige theoretische Grundlagen dargestellt, auf denen die marxistischen Gesellschaften aufgebaut sind. Der gegenwärtige Zerfall dieser gesellschaftspolitischen Systeme hat seinen ersten Grund im wirtschaftlichen Mißerfolg dieser Gesellschaften, die nach dem Grundsatz aufgebaut worden sind, daß der Mensch als Individuum bloß als „Baumaterial" angesehen wird und keinesfalls als Träger der Gesellschaft. Dies war der fatale Irrtum. Alle kommunistischen gesellschaftspolitischen Systeme wollten ohne Initiative des einzelnen, des Menschen als individuellen Unternehmer und Verantwortungsträger, der sich selbst und frei mit anderen Menschen in Verbindung setzt, um somit gemeinsam sein Ziel zu erreichen, auskommen. Die Folge der falsch verstandenen Auffassung des Menschen ist natürlich nicht nur der wirtschaftliche Mißerfolg dieser Gesellschaften, sondern viel schlimmer noch das moralische Chaos, das in unseren Ländern als Erbe einer ein halbes Jahrhundert dauernden kommunistischen Diktatur zurückgeblieben ist und das von einigen auch als „Tschernobyl der Seelen" bezeichnet wird. Es war nämlich keine gewöhnliche Diktatur verschiedenster Tyrannen und Diktatoren, sondern ein totalitäres System, in dem die diktatorische und autoritäre Art der Regierung zusätzlich von einer entsprechenden ideologischen Umerziehung der Menschen begleitet wurde. Der Kommunismus geht von einer bestimmten Anthropologie und von einer Philosophie aus, die nicht nur ihre eigene Auffassung von Wirtschaft und Politik hat, sondern auch von Kunst und Religion. Die kommunistischen Regime haben die Theorie, die Menschen seien Baumaterial für eine vollkommene Gesellschaft, nicht bloß theoretisch vertreten, sondern sie haben Menschen auch so gebildet, daß sie tatsächlich Baumaterial wurden. Nach fünfzig Jahren dieser Umbildung und Umerziehung können wir allerdings feststellen, daß dies nicht gelungen ist und auch nicht gelingen konnte. Die schlimmen Folgen sind aber trotzdem da. Dem Kommunismus ist es nicht gelungen, Menschen nach seinem Maß umzubilden, es ist ihm aber gelungen zu erreichen, daß Menschen überhaupt nach keinen Normen und nach keinem Maß gebildet sind. In den meisten Ländern, so auch in Slowenien, waren wir unangenehm überrascht, anläßlich der ersten freien Wahlen bei den meisten Menschen eine totale staatsbürgerliche und politische Unreife festzustellen. Bei den Wahlen waren viele verwirrt und unsicher, sie wußten nicht, was sie tun sollen, wofür sie sich entscheiden sollen. Die neuen Parolen der früheren Machthaber finden deshalb einen starken Anklang.

Das dargestellte marxistische Verhältnis zur Moral hat auf mehreren Ebenen katastrophale Folgen. Sechs solche sind auch im gegenwärtigen gesellschaftlichen und kulturellen Leben Sloweniens sehr akut.

1. Die marxistische Mißachtung und Abwertung der Moral führte zu einer allgemeinen starken Permissivität. Slowenien liegt im Westen Jugoslawiens und des ehemaligen Ostblocks. Die Tatsache, daß Jugoslawien bereits seit den 60er Jahren verhältnismäßig offene Grenzen kannte, hatte auf der einen Seite eine große Liberalisierung des Regimes zur Folge. Dies zeigte sich in Slowenien vor allem im letzten Jahrzehnt, als dieses Land eine der meist demokratisierten Republiken Jugoslawiens wurde. In Slowenien fanden auch zuerst demokratische Wahlen statt. Die marxistische Ideologie war in diesem Land praktisch schon seit langem am Absterben, wenig überzeugend und immer

weniger konsequent. Auf der anderen Seite beharrte aber das Regime trotz seinem total zerfallenen Wertsystem verbissen auf seinem ideologischen Monopol. So erlaubte es nicht, daß andere Wert- und Moralsysteme, zumal der Kirche, irgendeinen Einfluß auf die Öffentlichkeit, soziale Kommunikationsmittel und Schule gewinnen würden. Gleichzeitig aber wuchs das Bewußtsein von Menschenrechten und das Verlangen nach persönlicher Freiheit. Die Folge davon war ein immer stärkerer Zerfall der Bindung an ethische Werte und Ideale. Marxistische Werte haben nämlich ihre Überzeugungskraft total verloren. Unter solchen Umständen bekamen liberalistische Strömungen mit ihren billigen Wertnormen immer mehr Einfluß. Der Liberalismus ist zur Zeit für viele die einzige Alternative zum Marxismus.

2. Die Permissivität und die totale ethische Orientierungslosigkeit kommt eigenartig auch in der Tatsache zum Ausdruck, daß viele die kommunistische Partei und die Kirche in etwa gleich setzen, obwohl wir mit ruhigem Gewissen behaupten können, daß die Kirche nicht durch irgendwelche Korruption belastet wäre. Sie hat die vergangenen Jahrzehnte gut überstanden und braucht sich der Vergangenheit nicht zu schämen. Wenn die Kirche aber trotzdem von einigen ähnlich wie die Partei abgelehnt wird, liegt der Grund dafür in einer totalen Ablehnung sämtlicher Strukturen und Institutionen. Wegen der negativen Rolle der Partei in ihrer Repression und mit ihrem Totalitarismus hat sich in der Öffentlichkeit und auch in der Überzeugung vieler Menschen eine Ablehnung aller Formen, die an eine Regierung oder Autorität erinnern, gebildet. Aus diesem Grunde ist die gegenwärtige Generation den Vertretern aller Institutionen gegenüber mit einem gewissen Mißtrauen erfüllt. Sie glaubt nicht an ihre Aufrichtigkeit und meint, daß jeder sowieso bloß seine Interessen und seine Machtpositionen sucht. Da die Kirche hierarchisch und nicht demokratisch strukturiert ist, ist es in unserer gegenwärtigen Situation, die sich nach Demokratie und Pluralismus sehnt, leicht möglich, daß die Kirche noch immer mit der verhaßten Partei verglichen und nur langsam positiv bewertet und angenommen wird.

3. Die dritte Folge des Jahrzehnte dauernden autoritären und totalitären Regimes ist eine allgemeine Passivität und ein Mangel an Initiativen. Beides ist in einem großen Ausmaß mit der Permissivität und dem Verlust von Wertorientierungen verbunden. Orientierungslosigkeit und Verwirrung können aber keine Grundlage für selbständige, mutige und tatkräftige Initiativen und Entschlüsse sein. Die gegenwärtige Passivität hat jedoch noch zusätzliche Gründe. Das frühere autoritäre Regime übte seinen Einfluß auf die Gesellschaft und auf seine eigenen Mitglieder ausschließlich von oben nach unten aus. Wer mit den Entschlüssen der Parteispitze nicht einverstanden war, wurde von seinem Posten entfernt. So lebten viele in einem Angstzustand. Dieses Angstgefühl hat sich in den Leuten dermaßen stark eingeprägt, daß sich auch heute trotz der demokratisch gewählten Regierung manche noch immer fürchten, daß bei den nächsten Wahlen eventuell wieder die alten politischen Kräfte an die Macht kommen. Aus diesem Grunde ziehen sie es vor, sich im demokratischen Leben nicht zu engagieren. Aus demselben Grunde ist ein gewisser Mangel an Vertrauen in die neue Regierung zu spüren.

4. In der Deklaration der Menschenrechte und in der katholischen Kirche hat die Familie eine wichtige Rolle. Ganz anders im Marxismus. Im Marxismus ist nicht die Familie die Grundform, ja nicht einmal der offizielle

Bestandteil der Gesellschaft. Die Familie wurde stets als Störfaktor auf dem Weg zur totalen Kontrolle und Verfügbarkeit der Menschen von seiten des totalitären Regimes angesehen. Der Familie haben sozialistische Systeme nie das Recht eingeräumt, sich selbst als Hauptverantwortungsträger der Erziehung ihrer jungen Mitglieder zu behaupten.

5. Eine weitere Folge des totalitären Regimes, das den Atheismus und den Säkularisierungsprozeß gefördert und die Kirche aus der Öffentlichkeit ausgeschlossen hat, ist eine große Unkenntnis des Christentums und der Kirche. Beinahe ein halbes Jahrhundert moralischer Diskreditierung und systematischer Kritik der Kirche brachte eine äußerst negative Meinung über die Kirche. Ein großer Prozentsatz meint, die Kirche sei samt dem Christentum eine veraltete und überflüssige Institution, die zwar aus demokratischen Gründen toleriert werden kann, die aber heute keine Sendung und Kompetenz hat und daher für gesellschaftliches Leben total unbrauchbar ist.

6. Schließlich ist in diesem Moment für die Kirche der Mangel an Laien, die bereit und fähig wären, verantwortungsvolle öffentliche Funktionen zu übernehmen, ein äußerst schwieriges Problem. In Slowenien brachte die kommunistische Revolution äußerst blutige Liquidierungen vieler angesehener und fähiger Christen mit sich, die im öffentlichen Dienst hätten auftreten können. Viele, die in der Revolution nicht umgebracht wurden, gingen ins Ausland. Viele verließen die Heimat auch später noch; sie gingen ins Ausland aus ökonomischen Gründen, um besser leben zu können, aber nicht weniger wegen der sogenannten negativen kommunistischen Selektion. Wer mit der Führungsrolle der Partei nicht einverstanden war, hatte keine Aussicht auf sozialen Aufstieg und eine gehobene soziale Stellung. Die Christen im Land wählten deshalb Berufe streng fachlicher Natur, die für Politiker mehr oder weniger uninteressant waren wie z. B. Medizin und Technik. Journalismus, Politikwissenschaften, Rechtswissenschaften studierten Leute, die von vornherein bereit waren, mit dem Regime zusammenzuarbeiten. Ähnliches galt für die Erziehungswissenschaften. Bis vor kurzem wurde es den Gläubigen sogar nahegelegt, sich um pädagogische Berufe nicht zu bewerben. Universitäten waren ausschließlich in den Händen der marxistisch orientierten Professoren, die auch heute noch bemüht sind – im Namen der Demokratie – ihre Monopolposition zu behalten. Ähnliche Schwierigkeiten hat die neue Regierung auf dem Gebiet der öffentlichen Kommunikationsmittel, wo sich verschiedene dem alten totalitären Regime treue Gruppen von ihrer jahrzehntelangen Monopolrolle nicht trennen können. Interessanterweise berufen sich heutzutage alle Gruppen, die im schulischen, wirtschaftlichen oder journalistischen Bereich nur mit Hilfe des Totalitarismus ihre Positionen erhalten konnten, auf die Demokratie, um ihre Monopolposition weiterhin zu behalten. Für die Erhaltung ihrer Machtpositionen, die sie ausschließlich mit den undemokratischen Methoden erobert haben, verwenden sie nun stolz demokratische Parolen. Aus all diesen Gründen fehlen der neugebildeten demokratischen Regierung Personen, die sich im öffentlichen und politischen Leben genügend auskennen. So passiert es häufig, daß sich auch an die Spitze der demokratischen Prozesse wiederum Leute gesetzt haben, die bis vor kurzem Parteimitglieder waren, denn nur sie haben in der Vergangenheit eine nötige politische Erfahrung sammeln können. Dies hat zur Folge, daß auch in der gegenwärtigen Demokratie das alte Parteidenken noch stark gegenwärtig ist. Unter den Demokraten begegnet man Menschen, die vor einem oder zwei

Jahren, wenn nicht gerade Parteimitglieder waren, dann sicher eine hohe, der Parteipolitik nahe gesellschaftspolitische Funktion innehatten. So gibt es unter Demokraten kaum Christen. Christen konnten ja nie Parteimitglieder werden. So gibt es unter den Christen auch keine vom Kommunismus bekehrten Demokraten.

III. Beiträge der Katholischen Soziallehre zur Erneuerung der Gesellschaft

Am Ende der marxistischen Periode stehen wir in den ehemaligen kommunistischen Ländern vor schwierigen und anspruchsvollen Aufgaben, die Gesellschaft moralisch zu erneuern. Die Katholische Soziallehre ist in diesem Moment von größter Bedeutung gerade aus dem Grund, daß sie ihrem Wesen nach die Morallehre des gesellschaftlichen Lebens ist. Vor allem folgende Thesen der Katholischen Soziallehre scheinen mir in diesem Zusammenhang wichtig zu sein:

1. Der Mensch ist ein gesellschaftliches Wesen. Dies widerspricht nicht der nicht weniger bedeutsamen Tatsache, daß der Mensch ein individuelles Wesen ist. Nach christlicher Gesellschaftslehre betonen wir, daß der Mensch ein personales Wesen ist, womit wir beide Gesichtspunkte – die Individualität und die Gemeinschaft – in enge Verbindung, ja Verknüpfung bringen wollen. Die westliche Zivilisation hat das Bewußtsein der individuellen Menschenwürde sowie der individuellen Freiheit und der Menschenrechte dem Christentum zu verdanken, obwohl wir auch leider feststellen müssen, daß zu Beginn der modernen wirtschaftlichen Epoche einiges davon in Richtung Individualismus und Liberalismus ausartete. Als Person ist der Mensch zugleich moralisches Wesen und als solches Subjekt und Verantwortungsträger für seine Brüder und Schwestern vor Gott. In den Gesellschaften wie unsere, wo das Bewußtsein der personalen Verantwortung sehr tief gesunken ist, ist dies noch besonders bedeutungsvoll. Die Verantwortung des Menschen ist nämlich nicht auf die Menschen, denen er unmittelbar begegnet und mit denen er sein Leben teilt, begrenzt, sondern sie dehnt sich aufs ganze Volk und auf die ganze Menschheit aus und dies nicht nur in der Gegenwart, sondern auch in der Zukunft. In diese Verantwortung ist auch die Sorge für die Umwelt und für die Natur, die wir den künftigen Generationen hinterlassen werden, eingeschlossen.

2. Diese Forderungen verlangen von uns, entschlossen der Utopie abzusagen, auf dieser Welt sei eine vollkommene Übereinstimmung zwischen dem Einzelnen, dem Individuum, und dem Ganzen, der Gesellschaft möglich. Wir können nicht von der Annahme einer Gesellschaft ausgehen, die eine vollkommene harmonische Ganzheit darstellt, in der automatisch alle Interessen des Einzelnen zugleich Interessen der Gesellschaft wären, und umgekehrt. Die idealistische Vorstellung von vollkommener Übereinstimmung zwischen dem Einzelnen und dem Ganzen, die der Marxismus übernahm, ist eine Utopie mit schwerwiegenden Folgen. Die Realität unseres sozialen Lebens sind verschiedene Menschen mit verschiedenen Bedürfnissen und Interessen, die wiederum nicht alle im gleichen Ausmaß gerechtfertigt sind. Der Mensch ist ein zu den Mitmenschen hin orientiertes Individuum, das sich oft sehr darum bemühen muß, den richtigen Weg der Verständigung zu finden. Verständigung und Zusammenarbeit können erst im ständigen gesellschaftlichen Prozeß

geschehen, dessen Erfolg von der Art und Weise der Demokratie, in der der Prozeß tatsächlich abläuft, abhängig ist, und nicht von der Wissenschaftlichkeit dieser oder jener Theorie, die bemüht ist, alle Prozesse zu überblicken und zu kontrollieren. Die Katholische Soziallehre bedeutet für uns eine gewisse Methodologie der Koordinierung verschiedener Interessen und Lösungen von Konfliktsituationen. Statt der Klassenkampftheorie müssen wir Christen eine eigene Lehre der gewaltlosen Lösungsversuche der Konfliktsituationen ausarbeiten.

3. Ähnlich wie andere Dimensionen ist auch die gesellschaftliche Verfaßtheit ursprünglicher Herkunft. Sie ist als Lebensdimension von keiner anderen abhängig, wenngleich sie mit allen übrigen verbunden ist. Deswegen kann der Mensch nicht bloß als ein Lebewesen der Bedürfnisse angesehen werden, sondern auch – wie man heutzutage gewöhnlich sagt – als ein Lebewesen der Kommunikation. Dies besagt, daß für den Menschen zwischenmenschliche Beziehungen konstitutiv sind. Diese Beziehungen sind etwas anderes als die Beziehungen zur leblosen Welt, von denen die Beziehungen zum Mitmenschen nicht unbedingt abhängig sind – zumindest in ihrer Totalität nicht. Der Mensch ist geschaffen als Mitmensch, und diese Tatsache ist genauso ursprünglich wie jede andere. Die Katholische Soziallehre, die ihre letzte Grundlage für menschliche Beziehungen zum Mitmenschen und seine Solidarität mit den anderen in der trinitarischen Gemeinschaft Gottes sieht, ist in der gegenwärtigen Zeit, die einerseits von der Sehnsucht nach Zusammenleben erfüllt, anderseits aber vom Liberalismus geprägt ist, von entscheidender Bedeutung.

4. Urvorbild und letzter Grund der menschlichen Gemeinschaft ist Gott selbst als trinitarische Gemeinschaft. Der Mensch ist nach dem Bilde Gottes geschaffen. Für den Menschen ist es nicht gut, allein zu sein. Die Verwurzelung der menschlichen Gemeinschaft in Gott bedeutet ihre selbständige Ursprünglichkeit und daher ihre Irreduktibilität auf ökonomische und andere Bedürfnisse. Da die Moral die Grundlage und das Kriterium aller zwischenmenschlichen Verhältnisse und Beziehungen ist, trägt sie die gleiche Ursprünglichkeit in sich wie die menschliche Gemeinschafts- und Persönlichkeitsdimension. Die erste Schule des menschlichen Gemeinschaftslebens und seiner Mitarbeit mit den Mitmenschen ist aber die Familie. Die Erneuerung der Familie bedeutet somit für uns eine Grundaufgabe, die eng verbunden ist mit einer neuen Rolle der Frau und der Mutter. Man wird alle politischen und wirtschaftlichen Mittel anwenden müssen, um der Frau ihre Rolle in der Gesellschaft zu geben.

5. Die menschliche Gesellschaftsdimension wird nicht durch gesellschaftlich-ökonomische und Produktionsverhältnisse bestimmt, wenngleich auch diese einen gewissen Einfluß ausüben. Wesentlich für sie sind moralische Beziehungen, die in ihrer letzten Instanz unter die Kompetenz des menschlichen Gewissens fallen. Deshalb kann die neue Gesellschaft nicht bloß mit Änderungen von Strukturen errichtet und auch nicht bloß durch wirtschaftliche Gesetzlichkeiten bestimmt werden. Die neue Gesellschaft bedarf viel mehr der Persönlichkeitsbildung, der Erziehung und der moralischen Umkehr eines jeden Menschen.

6. Menschliche Tätigkeiten und Dimensionen können nicht auf ein einziges Modell, auf ein einziges Paradigma oder Prototypus oder schon gar nicht auf den Prototyp Subjekt-Objekt-Verhältnis reduziert werden, der in Wirklichkeit

ein Prototyp der Beherrschung und das Ende jeglichen Andersseins und jeglicher Transzendenz bedeutet. Die Transzendenz Gottes ist zugleich der letzte Grund menschlicher Transzendenz. Deshalb kann der Mensch nie zum Objekt eines anderen Menschen werden.

7. Gegen den Marxismus, der aufgrund der Idee Hegels von „Totalität der Totalitäten" als Modell den „sozialisierten Menschen" darstellt, legt die christliche personalistische Anthropologie das Bild des transzendierenden Menschen dar. Auch für das Verständnis der zwischenmenschlichen Verhältnisse ist der Begriff der Transzendenz angemessener als der einer solchen „Totalisation". Dieser ist ständig der Gefahr ausgesetzt, zum fruchtbaren theoretischen Boden dieses oder jenes Totalitarismus zu werden.

8. Für die Erneuerung des gesellschaftlichen Lebens ist vor allem die Erlösung nötig. Der Erlösungsgedanke ist am innigsten mit der allgemeinen religiös-moralischen Situation der Menschheit verbunden. Eine religiös-moralische Neugeburt ist nicht mit einer gesellschaftspolitischen Revolution zu vergleichen. Die Neugeburt und die Erneuerung können nicht mit Gewalt erreicht werden, sondern nur mit moralischen Mitteln. Ihre Vollendung wird aber erst „im neuen Himmel und auf der neuen Erde" erfolgen.

9. In den ehemaligen sozialistischen Ländern ist die Solidarität von größter Bedeutung. Die katholische Soziallehre und die aus ihr herauswachsende Politik darf in ihrer sozialen Dimension und in ihrer Sorge für den sozial gefährdeten Menschen hinter keinem anderen politischen Entwurf zurückbleiben.

10. In den sozialistischen Gesellschaften wurden Konfliktsituationen gewöhnlich mit Gewalt gelöst. Viele Konflikte, vor allem nationale, wollte der Marxismus gar nicht als Konflikte wahrnehmen. Er versuchte sie nicht zu lösen, sondern zu verdrängen. Heute treten sie von Tag zu Tag stärker in den Vordergrund. Von Katholiken darf man erwarten, daß sie ihren Beitrag zur gewaltlosen Lösung der nationalen Konflikte und der Probleme der Minderheiten leisten.

11. Die sozialistischen Länder sind neben der wirtschaftlichen Zerstörung auch ökologisch bedroht. Auf der anderen Seite verlangen Menschen in diesen Ländern immer stärker nach dem Wohlstand, der in den wirtschaftlich entwickelten Ländern vorhanden ist. Unser gegenwärtiger Zustand verlangt nach einer wesentlichen Änderung des Lebensstils, um von einer quantitativen Konsumgesellschaft zu einem qualitativen Verlangen nach Glück und seiner Erfahrung zu gelangen, zur Erfahrung jenes Glücks, das als Folge der qualitativen zwischenmenschlichen Beziehungen erlebt wird. Diese neue Art von unseren Beziehungen zum Mitmenschen und zur Umwelt, das Verlangen nach Glück auf der Ebene zwischenmenschlicher Beziehungen und die Methodologie dieses Suchens bleibt auf jeden Fall ein Bereich, wo die Kirche noch vieles zu leisten hat und auch leisten kann.

IV. Schlußbemerkung

Zum Schluß sei mir noch erlaubt, darauf hinzuweisen, daß mit den Demokratisierungsprozessen in unseren Ländern auch eine neue Epoche für die innerkirchlichen Beziehungen begonnen hat. Die solidarische Einheit einer verfolgten Gemeinschaft wird sicherlich nachlassen. Auch innerhalb der

Kirche werden verschiedene Standpunkte, Auffassungen, Einsichten und somit auch mögliche Konfliktsituationen auftreten. Wenn die Kirche in der Lage sein wird, mit eigenen Konflikten richtig umzugehen und sie gut zu lösen, wird sie auch in der Lage sein, einen glaubwürdigen Beitrag zur Lösung der Gesellschaftskonflikte anzubieten. Das ist unser gemeinsamer Wunsch und die Bitte um die Hilfe des allmächtigen Gottes.

JAN KERKHOFS

Soziale Marktwirtschaft und Katholische Soziallehre in Westeuropa

Im Oktober 1990 fand in Prag ein erster Kongreß der Internationalen Christlichen Unternehmervereinigung (UNIAPAC) für christliche Unternehmer aus Westeuropa und für „potentielle" Unternehmer aus dem östlichen Teil Europas statt. Der Kongreß stand unter dem Leitthema: „Christen in der Marktwirtschaft". Der Präsident der UNIAPAC, der Franzose Michel Albert, Generaldirektor der Assurances Generales de France, eines der größten französischen Versicherungsunternehmen, hatte vorher in einem Interview mit der Zeitung La Croix deutlich Stellung genommen:

„Es gibt meiner Meinung nach zwei Modelle der Marktwirtschaft: das erste ist die ‚deutsch-japanische' Version, die dadurch gekennzeichnet ist, daß sich die Aktien weitgehend in Händen der Banken oder Aktionäre befinden. Das bedeutet: langfristiges Kapital, stabiles Management und ein soziales Klima, das den wirtschaftlichen Zielen des Unternehmens zugute kommt und gleichzeitig einer stabilen Beschäftigung förderlich ist.

Das andere ist das ‚transatlantische' (oder angelsächsische) Modell. Ihm zufolge ist ein Unternehmen nichts anderes als eine wirtschaftliche Produktionseinheit, wenn nicht eine Ware, ein Aktienpaket, das man kaufen und verkaufen kann; kurzum, in ihm steht der menschliche Faktor hinter dem finanziellen."[1]

Nicht ohne Grund habe ich diesem Vortrag das Vorwort eines französischen Freundes vorangestellt. Der Begriff „Soziale Marktwirtschaft" ist weder in Frankreich noch im lateinischen Teil Europas beheimatet. Auch in Großbritannien klingt er fremd in den Ohren. Er ist – im engeren Sinne – von der Konzeption wie von seiner Verwirklichung her, ein deutsches Produkt. In Osteuropa ist er nur in wenigen theoretischen Studien zu finden. Die von den totalitären Regimen bestimmte Wirklichkeit war meistens feudal geblieben. Eigentlich kann man nur in Skandinavien, in den Beneluxländern und im germanischen Teil Europas von Sozialen Marktwirtschaften sprechen. In den meisten sogenannten „christlichen" Ländern herrscht wohl noch weitgehend der liberale Kapitalismus.

Eine zweite Vorbemerkung ist unentbehrlich. Die internationale Katholische Soziallehre hat – mit wenigen Ausnahmen – die Soziale Marktwirtschaft niemals als ein zentrales Anliegen betrachtet. Es sind wieder meistens deutsche Bischöfe oder deutsch- bzw. niederländischsprechende Sozialwissenschaftler, die hier vorangegangen sind. Das lateinische Europa gehört nicht dazu. Auch die Päpste, die im sozialen Bereich viel progressiver und fortschritt-

---

[1] Michel Albert: ‚Que faisons-nous pour l'Est?', in: La Croix, 27. 1. 1990; id., in Valeurs Chrétiennes et Valeurs d'Entreprise, Cahiers Socio-Economiques, No 5, Uniapac, Brüssel, 1990, 24ff.

licher waren als die Ortskirchen, haben sich nie direkt über die Soziale Marktwirtschaft geäußert. Nicht einmal alle katholischen Sozialwissenschaftler betrachten die Soziale Marktwirtschaft als den erfahrungsgemäß besten Weg zur Gestaltung einer gerechten Gesellschaft.

Dieser Beitrag wird drei Teile umfassen:
1. einen kurzen historischen Überblick;
2. eine kritische Analyse der Lage in den letzten Jahrzehnten;
3. einige Zukunftsperspektiven, die der Kritik offenbleiben.

I. Was lehrt die Geschichte?

In einem kürzlich veröffentlichten Aufsatz analysiert der holländische Professor Theo Salemink (Utrecht)[2] die Diskussion über den freien Markt vor 1918 und die Reaktion der Katholischen Soziallehre.

Im Laufe des 19. Jahrhunderts hat sich die Staatswirtschaftslehre in eine post-metaphysisch, positiv-wissenschaftliche Disziplin entwickelt. Höhepunkt war die neo-klassische Revolution nach 1870, mit dem Durchbruch eines neuen wirtschaftlichen Paradigmas, was übrigens in den 80er Jahren des 20. Jahrhunderts neu artikuliert wird (siehe Milton Friedman, Friedrich A. v. Hayek, Ludwig von Mises). Die Lehre des Arbeitswertes der klassischen Schule und die Mehrwertlehre der Marxisten sind nicht mehr Kriterien für eine Kritik der Staatswirtschaft. Die zentrale Kategorie wird von nun an die Nützlichkeit der Güter für den Konsumenten auf dem Markt. Der Akzent ist verschoben: Jetzt werden die subjektive Nützlichkeit der Güter, deren Knappheit und die Marktmechanismen des Wettbewerbs als Ordnungskräfte einer offenen und freien Marktwirtschaft betont. Ausschlaggebend für den Wert der Güter ist der subjektive Gebrauchswert des Produktes für den potentiellen Käufer.

Das Ideal ist die Mathematisierung der Wirtschaftstheorie wie in den Naturwissenschaften, deren ‚heiliger' Vorläufer Adam Smith ist. Selbstverständlich gibt es auch Stimmen, die betonen, daß man gleichzeitig die Bremse der Ethik braucht. Man denke beispielsweise an Leon Walras, der Dozent der Staatswirtschaft in Lausanne (mit seinem Buch ‚Elements d'economie politique pure', 1874) sowie an den Sozialisten Proudhon.

Walras war einverstanden mit einer gewissen Staatskontrolle innerhalb der Grenzen der marktregulierenden Mechanismen (Etudes d'economie sociale, 1896); den „Ökonomismus" verurteilte er. Im deutschen Sprachbereich kam die Reaktion von der sogenannten „historischen Schule".[3] Diese lehnt die deduktive Methode der Wirtschaftswissenschaften ab und befürwortet statt dessen eine induktive Methode, die von der Realität der Nationalökonomie ausgeht. Diese Schule ist ausgesprochen teleologisch, sie ist gegen die individualistische Anthropologie des „homo oeconomicus" und für eine organische Auffassung der Gesellschaft.

---

[2] Th. Salemink, Neoklassieke economie en katholieke sociale leer: Het debat over de vrije markt voor 1918, in: Tijdschrift voor Theologie, 30 (1990), 376–400.
[3] J. J. Krabbe, Historisme in economisch denken, Assen, 1983; J. A. Schumpeter, History of Economic Analysis, London, 1961, 807ff.

Es ist in diesem Kontext, daß katholische Nationalökonomen und Soziologen, die sich als solche verstanden, versuchen, die theologische Tradition der katholischen Kirche bezüglich Werte und Normen in die moderne wirtschaftstheoretische Diskussion einzuführen. Als Gründer der Schule des Solidarismus hat der Jesuit Heinrich Pesch (1854-1926), Spiritual im Mainzer Priesterseminar und Freund des Bischofs Haffner, hier eine zentrale Rolle gespielt. Sein „Solidarismus" hat die Rezeption der Enzyklika „Rerum Novarum" (1891) stark mitbeeinflußt. Gegen den Klassenkampf und später auch gegen einen „christlichen Sozialismus" plädierte er für einen „christlichen Solidarismus" und gegen die Sozialisierung der Produktionsmittel für eine „christliche Solidarisierung". Seine Arbeit wird später weitergeführt von Oswald von Nell-Breuning, Gustav Gundlach und Franz Mueller, obwohl auch diese untereinander verschiedene Auffassungen vertreten.

Zusammenfassend könnte man sagen, daß Pesch versuchte, von der thomistischen Philosophie ausgehend, die Mechanismen von Angebot und Nachfrage zu „taufen", indem er der tatsächlichen Rangordnung der Bedürfnisse auf dem Markt eine christliche Rangordnung der Bedürfnisse gegenüberstellt. Er versucht eine Antwort zu finden auf die Frage: Wie können Probleme von Recht und Unrecht im Kontext eines wirtschaftlichen Paradigmas, das den Kapitalismus als ein technisches System auffaßt, zur Sprache gebracht werden? Seine Lösung des Dilemmas ist ein Kompromiß. Pesch entnimmt der alten „göttlichen Ordnung" Kriterien, um die „real existierende" Wirtschaftsordnung zu korrigieren. Diese Korrektur resultiert jedoch nicht in einer katholischen Wirtschaftsordnung als einer dritten Variante neben der Wirtschaft des freien Marktes und der sozialistischen Planwirtschaft. Der freie Markt bleibt, aber der „göttlichen Ordnung" werden unmittelbar einige praktische Organisationsmodelle entnommen - wie z. B. die korporativen Verbände -, um die Auswüchse des freien Marktes zu vermeiden. So beschritt er einen ganz anderen Weg als etwa der deutsche Priester Wilhelm Hohoff (1848-1923), der eine radikal christlich-sozialistische Kontrastgesellschaft befürwortete (Die Bedeutung der Marx'schen Kapitalkritik, Paderborn 1908).

Inzwischen hatte auch der nordamerikanische Moraltheologe J. A. Ryan (1869-1945) von der Catholic University of America mit seiner Unterstützung des „New Deal" der demokratischen Partei Roosevelts einen neuen Weg beschritten, vorbereitet durch Schriften wie „A living wage" (1906) und „Distributive Justice" (1916). Ryan ist kein Befürworter der Restauration (wie die österreichische Schule) oder eines katholischen Sozialismus (Hohoff). Er verteidigt vielmehr eine tiefgreifende Änderung innerhalb des bestehenden Wirtschaftssystems. Die Geschichte hat ihre eigene Gesetzmäßigkeit und die Wissenschaft ist autonom. Die Katholische Soziallehre kann nur als eine kritische Instanz „vermittelt" eingeschaltet werden. Damit ist Ryan gewiß ein Wegbereiter der Entwicklung der christlichen Soziallehre in den 60er und 70er Jahren, wie sie besonders scharf in dem bekannten Buch des französischen Dominikaners und Theologen Marie-Dominique Chenu (1895-1990) „Kirchliche Soziallehre im Wandel" (Fribourg/Luzern 1991; itl. 1977, franz. 1979) zum Ausdruck kommt. Nicht mehr aus „ewigen Gesetzen" sondern aus der konkreten Geschichte, aus der Situation sucht man ein prophetisches Engagement. In seinem Schreiben „Octogesima adveniens" hat Papst Paul VI. diese neue Auffassung bekräftigt. Es wird nicht mehr von einer „christlichen

Gesellschaft", einer „christlichen Wirtschaft", einem „christlichen Staat" oder einem „christlichen Sozialismus" und einem „christlichen Liberalismus" gesprochen. Der christliche Glaube bleibt überall anwesend als eine kritische Instanz. Das gilt natürlich auch für die Soziale Marktwirtschaft.

II. Die Lage in den letzten Jahrzehnten

Der Begriff „Soziale Marktwirtschaft" wurde in Deutschland unmittelbar nach dem Zweiten Weltkrieg geprägt. 1946 schrieb Professor Alfred Müller-Armack, einer ihrer geistigen Väter folgende Sätze:

„Über das anzustrebende Ziel, nämlich eine ausreichende Güterversorgung, soziale Sicherheit und die Wahrung der Menschenwürde besteht unter Planwirtschaftlern und Marktwirtschaftlern weitgehende Übereinstimmung. Worin sie sich aber grundsätzlich voneinander unterscheiden, ist die Beantwortung der Frage, welches Instrument zur Erreichung dieses Zieles am besten geeignet ist: die Lenkungswirtschaft oder die Marktwirtschaft. Wir haben diese Frage zugunsten der Sozialen Marktwirtschaft beantwortet."[4]

Im Mittelpunkt stehen hier die großen sittlichen Ziele: Freiheit und soziale Gerechtigkeit. Im großen und ganzen stimmen die Grundlinien dieser so verstandenen Sozialen Marktwirtschaft mit der Katholischen Soziallehre überein,[5] obwohl letztere nicht ausschließlich in einer allein seligmachenden Marktwirtschaft ihre Konkretisierung finden kann.[6] Man darf die Soziale Marktwirtschaft nicht mit sozialer Sicherheit gleichsetzen. Auch eine Soziale Marktwirtschaft kann unsozial werden, und z. B. den Versuchungen eines Korporatismus verfallen, der das Gegenteil einer Marktwirtschaft ist.

Hervorragende Vertreter der Katholischen Soziallehre, wie Wilhelm Weber und Anton Rauscher, haben die Soziale Marktwirtschaft als die mit dieser Lehre am besten übereinstimmenden Wirtschaftsordnung verteidigt. Auch große Bischöfe, wie Julius Kardinal Döpfner und Joseph Kardinal Höffner, haben sich sehr positiv zur Sozialen Marktwirtschaft geäußert,[7] wie auch in jüngster Zeit der Hildesheimer Bischof Josef Homeyer in den „Stimmen der Zeit".[8]

Ebenso in den Niederlanden[9] und Belgien[10] haben anerkannte christliche Sozialwissenschaftler die Soziale Marktwirtschaft als das zur Zeit beste Modell

---

[4] A. Müller-Armack im Vorwort für die Vorschläge zur Verwirklichung der Sozialen Marktwirtschaft (1948), in: ders., Genealogie der Sozialen Marktwirtschaft, Frühschriften und weiterführende Konzepte, 2, Bern/Stuttgart, ²1981, 92.

[5] Siehe auch: Quadragesimo Anno, Nr. 88; Mater et Magistra, Nr. 219.

[6] Gaudium et Spes, Nr. 42.

[7] J. Döpfner, Grundsätze einer Wirtschaftsführung aus der Sicht der katholischen Kirche, hg. vom Sekretariat der Deutschen Bischofskonferenz, Bonn, 1975; J. Höffner, Christliche Gesellschaftslehre, Butzon und Bercker, Kevelaer, 1962.

[8] J. Homeyer, Soziale Marktwirtschaft aus der Sicht Katholischer Soziallehre, in: Stimmen der Zeit 115 (1990) Bd. 208, 587–598.

[9] Z. B. in verschiedenen Veröffentlichungen des früheren Vorsitzenden der Uniapac, R. Dobbelmann.

[10] Schon früh hat C. Van Gestel o. p. diese Auffassungen verteidigt in La doctrine sociale de l'Eglise, La Pensée Catholique, Bruxelles–Paris, ³1963, und so den Christlichen Gewerkschaftsbund und die christlichen Unternehmerverbände bleibend beeinflußt.

bezeichnet. Auch Wolfgang Schmitz, der frühere Finanzminister Österreichs, interpretiert die Soziale Marktwirtschaft als „der Katholischen Soziallehre am nächsten".

Das alles besagt jedoch nicht, daß es hierüber einen Konsens gibt. Mehrere bekannte Autoren schweigen über die Soziale Marktwirtschaft. In seiner zweibändigen Katholischen Soziallehre[11] widmet Nikolaus Monzel nur einige Seiten dem Begriff „Markt" und dann noch dem Stichwort „Monopole". Der bekannte holländische Sozialethiker G. Manenschijn spricht in seinem Buch „Eigenbelang en christelijke ethiek"[12] mit keinem Wort von der Sozialen Marktwirtschaft. In einem späteren Beitrag über die christlichen Verbände und die christliche Soziallehre[13] warnt Manenschijn davor, daß man durch ein bestimmtes christlich-soziales Denken – besonders im Bereich der Marktwirtschaft – eine gegebene oder erwünschte sozialwirtschaftliche Ordnung legitimiere, was zum Mißbrauch des eigentlich „christlichen" führen könnte. Auch der heilige Augustinus und Martin Luther haben überzeugend gezeigt, daß eine „christliche" Gesellschaft nicht machbar ist. Es bleibt gefährlich, einen typisch christlichen Dritten Weg zwischen Kapitalismus und Sozialismus zu suchen. Es ist vielmehr angeraten, induktiv kritisch das sozialwirtschaftliche Geschehen mit einer auch selbstkritischen christlichen Lebensüberzeugung zu konfrontieren. In dieser Richtung denkt auch der österreichische katholische Sozialwissenschaftler Herwig Büchele.[14] Er bedauert die mangelnde politische Wirkkraft der Katholischen Soziallehre, u. a. durch die Scheu vor Konflikten und den Verzicht auf Gesellschaftsanalyse. Mit N. Lohfink, R. Pesch und u. a. plädiert er für eine Stärkung der Glaubensgemeinde als Kontrastgesellschaft.

Einige christliche Sozialwissenschaftler gehen viel weiter und verurteilen die Soziale Marktwirtschaft als eine getarnte kapitalistische Ideologie. Franz Klüber, früherer Professor für christliche Gesellschaftslehre an der Universität Regensburg, interpretiert die Soziale Marktwirtschaft als Typus des Kapitalismus. Seines Erachtens ist „der Begriff Soziale Marktwirtschaft eine Zweckkonstruktion der politischen Propaganda mit dem Ziel, die Mißstände des Spätkapitalismus zu verschleiern und den status quo zu stabilisieren". Er meint, daß „es einfach nicht wahr ist, daß die Soziale Marktwirtschaft größtmögliche persönliche Freiheit und Freiheit auf dem Markt gewährt. Das Gegenteil trifft zu. Der libertinistische Freiheitsbegriff des unter dem Deckmantel der Sozialen Marktwirtschaft agierenden Kapitalismus führt zur Zerstörung der Freiheit."[15]

Weitaus die meisten Lehrstuhlinhaber für christliche Soziallehre bezeichneten die Behauptungen Klübers als „außerhalb der in der Katholischen Sozial-

---

[11] N. Monzel, Katholische Soziallehre, Bachem, Köln, II, 1967, 395.
[12] G. Manenschijn, Eigenbelang en christelijke Ethiek, Baarn, 1982.
[13] G. Manenschijn, Het christelijke sociale denken en de feitelijke belangenbehartiging, in J. M. De Valk (Hg.), Vernieuwing van het christelijk sociaal denken, Ambo, Baarn, 1989, 86–98. Auch in einem – für die Niederlande – wichtigen Buch des damaligen Sekretärs der NCW (der niederländische christliche Unternehmerbund), Prof. A. Kouwenhoven, De dynamiek van christelijke sociaal denken, Callenbach, Nijkerk, 1989, kommt das Wort ‚soziale Marktwirtschaft' nicht vor.
[14] H. Büchele, Christlicher Glaube und politische Vernunft, Für eine Neukonzeption der katholischen Soziallehre, Katholische Sozialakademie Österreichs, Europaverlag, Wien, 1987.
[15] Id., 20.

lehre legitimen Bandbreite unterschiedlicher Meinungen in Sachfragen liegend". Oswald von Nell-Breuning jedoch behauptete in einem scharfen Kommentar das Gegenteil. Es trifft übrigens zu, daß dieser Nestor der Katholischen Soziallehre in Deutschland der Sozialen Marktwirtschaft gegenüber immer eine große Skepsis gezeigt hat, bis in seinem letzten Buch „Baugesetze der Gesellschaft, Solidarität und Subsidiarität" (Freiburg 1990), wo das Stichwort Soziale Marktwirtschaft fehlt. Auch in seinem Buch „Gerechtigkeit und Freiheit – Grundzüge Katholischer Soziallehre" (München 1985) findet man nichts über Soziale Marktwirtschaft und in seinem Buch „Soziale Sicherheit" (Freiburg 1979) äußert er sich kritisch, und nur in einer Fußnote (S. 112). Es lohnt sich, diese zu zitieren:

„Auch die Marktwirtschaft – schon gar eine Soziale Marktwirtschaft – wäre völlig mißverstanden, wenn man die Wirtschaft sich in den Tauschvorgängen des Marktes erschöpfen lassen wollte; so bedeutsam der Markt für die Wirtschaft ist – er ist nicht die Wirtschaft, so wenig wie die Steuerapparatur das Auto ist."

Natürlich folgt die Soziale Marktwirtschaft nicht unmittelbar aus dem Evangelium, und es gibt wahrscheinlich auch nur einzelne Abteien, wo diese Marktwirtschaft wirklich sozial ist. In einer Welt von Sündern bleibt sie jedoch die konkret beste Lösung im Spannungsfeld zwischen Kapital und Gesellschaft.

Zu Recht kritisiert Anton Rauscher dann auch diejenigen, die in der Sozialen Marktwirtschaft immer noch eine kapitalistische Wirtschaftsordnung sehen.[16] Die Soziale Marktwirtschaft integriert noch am besten die „soziale Partnerschaft", wachsend aus dem christlichen Prinzip der Solidarität. Hier findet man einen soliden Boden für z. B. Mitbestimmung und gegenseitiges Vertrauen, die beide in der Planwirtschaft fehlen, wie überzeugend durch das Fiasko der osteuropäischen Regime gezeigt wird.

Wie schon gesagt, findet man außerhalb Deutschlands, Österreichs, der deutschsprachigen Schweiz[17] und – übrigens in sehr beschränkter Weise – in den Niederlanden und im flämischen Belgien,[18] wenig Explizites über die Soziale Marktwirtschaft. Das Wort fehlt ganz in den großen französischen Veröffentlichungen von J. M. Aubert, J. Y. Calvez, D. Maugenest, P. De Laubier, Ph. Laurent.[19]

Das Fehlen des Begriffes bedeutet jedoch nicht, daß man sich dort nicht mit der Wirklichkeit einer Sozialen Marktwirtschaft beschäftigt. Das internationale Institut Jacques Maritain z. B. hat unserem Thema einige gründliche Veröffentlichungen gewidmet, wie „Pour un projet d'economie communautaire" und „Ethics and economics; a topical question".[20] Auch die in jüngster Zeit

---

[16] A. Rauscher, Kirche in der Welt, Echter, Würzburg, 1988, Bd II, 271.

[17] Bei A. F. Utz dagegen fehlt das Stichwort ‚soziale Marktwirtschaft' in seinem vierbändigen „La doctrine sociale de l'Eglise à travers les siècles", Valores, Fribourg-Beauchesne, Paris, ²1973.

[18] Z. B. L. Baeck, Economy and equity in western society, in: Notes et Documents, Institut International Jacques Maritain, Nouvelle Série, 19/20, 1987, 9–22.

[19] Le discours social de l'Eglise Catholique (dir. D. Maugenest), Centurion, Paris, 1985; Ph. Laurent, Pour l'entreprise, Création et responsabilité, Centurion, Paris, 1985; M. Falise, Une pratique chrétienne de l'économie, Centurion, Paris, 1985.

[20] In: Notes et Documents, Institut International Jacques Maritain, Nouvelle Série, Nr. 19/20 und Nr. 21/22, 1987–1988.

gegründeten Zentren für Wirtschaftsethik der Universität Leuven, Maastricht, Barcelona, London (King's College) usw. haben sich mit unserer Frage beschäftigt.

Ein interessanter Beitrag ist geliefert worden von der TEPSA-Gruppe (Trans European Policy Studies Association) in einer Veröffentlichung unter Leitung von Professor J. Vandamme und mit einem Vorwort von Jacques Delors, dem jetzigen Vorsitzenden der Europäischen Kommission „Pour une Nouvelle Politique Sociale en Europe".[21] Diese Publikation ist nicht explizit christlich; die meisten Autoren sind jedoch gläubige Christen. Das Prinzip „Solidarität" ist hier der Schlüsselbegriff, wobei das Soziale besonders in drei Richtungen betont wird:
- die Hilfe für die zurückgebliebenen Regionen Europas
- die Anpassung der Krisengebiete während einer Übergangszeit und
- die Folgen der Entwicklung neuer Technologien.

Zu Recht schreibt J. van Damme in seinem Vorwort (S. 9):

„Das soziale Europa darf nicht reduziert werden auf ein Amalgam von Rot-Kreuz-Maßnahmen mit dem Ziel, die durch die Einführung eines gemeinsamen Marktes geforderten Anpassungen zu begleiten: es soll aufgefaßt werden als eine auf ein ‚hohes Maß an Beschäftigung und Stabilität' ausgerichtete Schicksalsgemeinschaft, wobei die wirtschaftlichen und sozialen Kräfte bei der Bestimmung der Ziele und der Etappen assoziiert werden". Dabei wird Artikel 117,1 des Vertrages von Rom unterschrieben, wo zweifellos große Perspektiven eröffnet werden:

„Die Mitgliedsstaaten sind einverstanden mit der Notwendigkeit einer Besserung der Lebens- und Arbeitslage der Arbeitnehmer, wodurch eine größere Gleichschaltung des Fortschritts erreicht wird."

Die Wirklichkeit war damals (und ist es auch heute meistens noch) anders, und es gab in Europa zwischen den reichsten und den ärmsten Regionen einen Einkommensunterschied von 1 bis 15.

Ohne Zweifel werden die Aufgaben der Sozialpartner auf europäischer Ebene ständig wichtiger. Im Hinblick auf eine europäische Soziale Marktwirtschaft sind diese Partner jedoch nicht auf die Vertreter der Arbeitgeber und Arbeitnehmerverbände beschränkt. Eine Soziale Marktwirtschaft für alle Europäer kann nicht aufgebaut werden, wenn die Vertreter des europäischen Bildungswesens, des Gesundheitswesens, des Umweltschutzes und der sich ständig ausdehnenden Sozialpolitik nicht an einem Tisch sitzen. Wenn nicht, wäre es nur ein Round-Table für Unternehmer und reiche Arbeiter, unterstützt durch reiche Gewerkschaften. Bis die europäische Soziale Marktwirtschaft sich tatsächlich verwirklicht, bleibt die Rolle des europäischen Sozialfonds unverzichtbar.

Diese Ziele können ohne eine intensive Beschleunigung der europäischen Integration nicht erreicht werden. Wobei nicht die nationalen, sondern die europäischen Normen ausschlaggebend sind. Tatsächlich gibt es ohne europäische Normen keinen europäischen Markt, und ohne diesen bleibt eine europäische Soziale Marktwirtschaft eine Utopie, da die Grundlagen für einen europäischen sozialen Raum fehlen. Zweifellos ist auf dem Gebiete der sozialen Begleitung der internen Emigration der Arbeitskräfte schon viel geleistet worden, in der Anpassung der Arbeitsgesetze und der sozialen

---

[21] Éd. Economica, Paris, 1984.

Sicherheit für „Gastarbeiter". Es bleibt jedoch noch vieles unausgeglichen im Spannungsfeld zwischen dem Wirtschaftlichen und Sozialen. Die jetzige Sozialpolitik bleibt mehr ein Sammelbecken von Korrekturmechanismen statt einer wirklich kohärenten Sozialpolitik. Auch die Schwäche der vorgeschlagenen Sozialcharta wird hier offenbar.[22] Fast überall wird anerkannt, daß die sogenannte „Sozialisierung" der Hälfte des Nationalprodukts nicht zu einer gerechteren Umverteilung führt. Der Abstand zwischen denjenigen, die mehr haben und denen, die weniger haben, vergrößert sich.[23] Hier öffnet sich ein weites Feld für die schöpferische Arbeit der Vertreter der christlichen Soziallehre.

III. Die Zukunft

Mit dem gerade Gesagten sind wir schon fast im 3. Millenium. Abschließend kann noch einiges über diese Zukunft gesagt werden.

1. Auch die Soziale Marktwirtschaft ist keine Wunderformel. In seiner Enzyklika Sollicitudo rei socialis (1987) hat Papst Johannes Paul II. es deutlich geschrieben: „Die kirchliche Soziallehre ist kein dritter Weg." Die Geschichtlichkeit aller sozialen Verhältnisse ermöglicht keine Lehre, die allen Zeiten und konkreten Situationen eine praktische Antwort bietet. Es bleibt die Aufgabe der christlichen Sozialwissenschaftler, dieses wiederholt zu betonen. Auch sie sind gezwungen, die Grundvision von der Würde der menschlichen Person in Gemeinschaft und die – jetzt sehr wissenschaftlich gewordene – „Deutung der Zeichen der Zeit" schöpferisch zu verknüpfen. Wenn es wahrscheinlich ist – wie Michael Camdessus, Generaldirektor des Internationalen Währungsfonds, es wiederholt unterstrichen hat –, daß der Dialog zwischen Europa und der islamischen Welt im Mittelmeergebiet die wichtigste Aufgabe für die nächsten Generationen bleibt, ist hier dringend neue Denkarbeit gefordert. Die muslimische Welt hat eigene, oft intern sehr unterschiedliche Auffassungen über Soziale Marktwirtschaft. Auch dort wird nach einem Weg gesucht zwischen Neo-Liberalen und sozialistischen Antworten. Im Mittelmeergebiet wird eine Zusammenarbeit zwischen nördlichen und südlichen, östlichen und westlichen Partnern ständig intensiver. Für den sozialen Frieden und für den Frieden überhaupt sollten hier die Gespräche über die Machtstruktur und deren soziale Implikationen gefördert werden, bevor es zu spät ist – und vielleicht sind wir bald soweit.[24] Die UNIAPAC hat hier langfristige große Entwürfe, die zweifellos für unser traditionelles Denken eine wichtige Herausforderung bedeuten werden. Dieses neue Denken kann nur „in trial and error" von unten aus wachsen, durch viele freie Initiativen. In diesem Dialog wird man schnell auf die Unglaubwürdigkeit vieler sozialwirtschaftlicher Lösungen Europas stoßen.

2. Die europäische Marktwirtschaft ist noch lange nicht überall sozial orientiert. Man kennt die bleibenden Unterschiede zwischen Nord und Süd

---

[22] J. Van Gerwen s.j., La charte communautaire des droits sociaux fondamentaux, Une analyse historique et une éualuation éthique basée sur la doctrine sociale de l'Eglise, Etudes Européennes Nr. 2, Ocipe, Bruxelles–Strasbourg, 1990.

[23] N. Deleeck, Dépenses sociales et éfficacité des politiques sociales en Europe, in J. Vandamme (Hg.), Pour une nouvelle politique sociale en Europe, 29–44.

[24] G. Bersani, La Perspective Euro-Méditerranéenne, CEFA, Bologna, 1989.

und zwischen den einzelnen Regionen. Das europäische Gemeinwohl ist für viele noch ein Traum, und der Nationalismus unterstützt die Egoismen der Unternehmen, der Gewerkschafter und der Politiker. Eine gigantische Arbeit wartet: Wie wird man die „duale Wirtschaft" zwischen Ost und West meistern?[25] Wie wird man die Mitbürger und Mitchristen im angelsächsischen Europa überzeugen, daß auch dort eine wirklich Soziale Marktwirtschaft die einzige Lösung im heutigen Kontext ist? Wie kann man dazu beitragen, daß die südlichen Teile der sogenannten „katholischen" europäischen Mittelmeerstaaten nicht noch ein Jahrhundert die armen Familienmitglieder bleiben, worüber die reicheren sich schämen? Die europäische Volkspartei hat sich dazu mit ihrem Vorschlag für ein föderales Grundgesetz der europäischen Union auf dem 8. Kongreß in Dublin (14.-16. Nov. 1990) mutig geäußert.[26]

3. Europa hat durch seine Geschichte eine große Verantwortung der Dritten Welt gegenüber. Diese Verantwortung richtet sich aufgrund seiner geographischen Lage besonders auf Afrika. Nur durch gesamteuropäische Anstrengungen kann man diesen endogenen ärmsten aller Kontinente aus seiner fast hoffnungslosen Sackgasse helfen. Ohne einen neuen, sachlich nüchternen Stil für gemeinsame christlich-muslimische Mitverantwortung kann hier keine dauerhafte Lösung gefunden werden. Kleine Modelle der Zusammenarbeit könnten hier allmählich Perspektiven eröffnen. Eine europäische Marktwirtschaft, die sich hier abkapselt ist radikal unchristlich. Eine Neuevangelisierung Europas, bei der diese Sorge für die hungernden Mitbrüder fehlt, wäre ein leeres Wort. Es ist eine Schande, daß noch immer die Waffenlieferungen auf diesem Markt eine wichtige Rolle spielen.

Ich möchte nicht mit einem deprimierenden Ton schließen. Gestatten sie mir deshalb ein Zitat aus der Abschiedsrede des früheren Vorsitzenden der Europäischen Kommission, Walter Hallstein: „Die erste Pflicht eines Führers ist es, seinem Volk Hoffnung zu geben." Das ist auch die erste Pflicht der christlichen Sozialwissenschaftler.

---

[25] C. Watrin, Soziale Marktwirtschaft – Was heißt das?, Dresdener Kathedralvorträge, Heft 3, 1990; Soziale Marktwirtschaft in der DDR, ein Themenheft, in: Zeitschrift für Wirtschaftspolitik, 39 (1990), 1.

[26] Pour une Constitution fédérale de l'Union européenne, in: PPE Bulletin, décembre 1990, Nr. 5/6, 7-8.

OBIORA IKE

Katholische Soziallehre und Dritte Welt aus afrikanischer Perspektive

I. Vorbemerkung: Erste, Zweite und Dritte Welt

Ich komme von einem Teil unserer Erde namens Nigeria/Westafrika und vertrete bei dieser Konferenz Millionen Männer und Frauen, Kinder Gottes und Bürger dieser Erde, die durch politische und wirtschaftliche Etikette leider als Dritte Welt abgestempelt werden. Unsere eine Welt wurde brutal in Welten aufgeteilt; dafür gibt es verschiedene Ursachen, vor allem sind es Gründe wirtschaftlicher, politischer und sozialer Art.

Zur ersten Welt gehören die Länder Westeuropas, die USA und Japan. Diese industrialisierten Staaten, hoch technologisiert und mit einer starken Demokratie als politischer Basis, haben eine liberale, freie, marktorientierte manchmal kapitalistische Wirtschaft. In vielen Fällen ist diese Wirtschaft jedoch abhängig von den Rohstoffquellen, der billigen Arbeitskraft und politischer Willkür gegenüber ärmeren Nationen. Es ist bewiesen, daß die Auswirkungen der Kolonialpolitik des letzten Jahrhunderts noch heute spürbar sind. Durch verschiedene kapitalintensive wirtschaftliche Ausbeutungsmethoden werden Abhängigkeiten im internationalen Zusammenspiel geschaffen.

Für den religiösen Bereich kann man allgemein festhalten, daß es im Einflußbereich der westlichen Länder eine Marginalisierungstendenz der Amtskirche und der organisierten Religionen gibt, da durch die Liberalisierung der Gesellschaft und die Privatisierung des Glaubens die Kirche oft als eine überholte Institution verstanden und abgelehnt wird. Besonders bei der Jugend scheint diese Tendenz zu einer säkularisierten Gesellschaft, in welcher die Religion allenfalls als Privatsache weitergeht, feststellbar.

Zur Zweiten Welt gehören viele Nationen des sich in der Auflösung befindenden Ostblocks, mit einem marxistischen, sozialistischen Weltbild, das sich freilich im Zuge der Perestroika in der UdSSR allmählich als politische Tendenz auflöst. Auf alle Fälle bleiben diese Nationen trotz der Mißerfolge der Planwirtschaft und der ökonomischen Rückständigkeit jedoch technologisch, vor allem militärisch weit entwickelt und unterscheiden sich von der Ersten Welt vor allem aufgrund ihrer ideologischen Orientierung: Offiziell wurde Religion als „Opium des Volkes" massiv unterdrückt und für tot erklärt.

Wenn wir hier von der „Dritten Welt" sprechen, reden wir von den Ländern der Südhemisphäre des Globus. Es sind Länder voller Armut, kolonialisiert, versklavt und ausgebeutet. 40 000 Kinder sterben täglich in Afrika, Asien und Lateinamerika den Hungertod, verdursten oder sterben an mangelnder medizinischen Versorgung (UN Statistik 1990). Diese Dritte Welt hat noch nicht den technischen Standard des Westens und des Ostens erreicht; ein Minimum an Ausbildung oder Schule bedeutet immer noch für viele Kinder und Erwachsene ein Luxusglück, wie etwa in Mali, Brasilien, Sri Lanka, Uganda oder Ecuador. Analphabetismus ist weit verbreitet, das Pro-Kopf-Einkommen liegt weit unter dem UN-Maßstab für Grundbedürfnisse. Viele dieser Länder unterliegen undemokratischen Regierungen und leiden zudem an deren Instabilität. Wirtschaftlich kennzeichnet diese Länder eine Unterentwicklung und damit eine unannehmbare strukturelle Abhängigkeit von den Nationen der Nordhemisphäre. Der Bevölkerungsexplosion steht kein wirtschaftliches Wachstum in adäquater Höhe gegenüber.

Unterdrückt, ausgebeutet und wirtschaftlich abhängig von der Produktion des Westens und Ostens, bzw. der ersten und der zweiten Welt, verlieren sie jegliche Initiative, einen eigenen Markt aufzubauen. Versuche dazu wurden vielmehr im Keim von der jetzigen Weltwirtschaftsordnung erstickt.[1] Daraus resultieren Minderwertigkeitskomplexe und die Unfähigkeit, an die eigene Kraft zu einem Fortschritt zu glauben.

In diesen Ländern zeichnet sich jedoch eine tiefe Religiosität ab, die die Quelle ihrer aufkommenden Hoffnung darstellt. Die Mehrheit der Christen, Buddhisten, Moslems, Hindus und traditionellen Religionen leben heute in der Dritten Welt. Trotz der obengenannten Misere können diese Länder Kraft aus ihrem Glauben schöpfen und wider alle Hindernisse und Rückschläge versuchen sie, wenn auch langsam, eben durch ihre wachsende Bevölkerung, mit ihren Bodenschätzen und dem Brachland, vor allem aber mittels ihrer hohen geistigen und kulturellen Werte für eine neue Weltordnung zu kämpfen.

II. Mangelnde Kenntnisse über die Soziallehre der Kirche

Dennoch sind sich viele Christen nicht bewußt, daß die Kirche schon seit hundert Jahren eine soziale Lehre entwickelt hat. Viele sind darüber sogar erstaunt, und es wird oft die Frage gestellt: „Was hat die Kirche mit der Welt zu tun?" Auch heute gibt es nur wenige theologische Fachabteilungen und Priesterseminare, die Kurse anbieten, die sich speziell mit der kirchlichen Soziallehre beschäftigen. Viele gläubige Menschen haben vergessen oder haben nie gewußt, daß die Kirche über Jahrhunderte eine Reihe von Lehren entwickelt hat, die sich mit sozialen, wirtschaftlichen, politischen und kulturellen Fragen beschäftigen. Auch dafür gibt es mehrere Gründe:

1. Die kirchlichen Dokumente zu sozialen Fragen sind in einer streng theologisch-wissenschaftlichen Fachsprache verfaßt. Sie erscheinen abstrakt, inhaltlich trocken und sind daher für den einzelnen Laien nicht besonders attraktiv zu lesen. Was haben einfache Leute, die sich um ihr tägliches Brot sorgen müssen, mit Lehren zu tun, die in bequemen Sesseln in einer komplizierten Fachsprache verfaßt werden?

2. Zu den Dokumenten wird in den Sonntagsmessen nur selten gepredigt, ganz zu Schweigen von einer Bearbeitung im Katechismusunterricht. So bleiben sie in ihrer Exklusivität zumeist den Experten, den Fachtheologen und Intellektuellen vorbehalten.

3. Besonders hinderlich für die genaue Kenntnis, wie für deren Vertiefung ist die ärgerliche Tatsache, daß viele Priester und Gemeindemitglieder die angesprochenen Dokumente nicht besitzen, um sie weiterzugeben. Wo kauft

---

[1] Vgl. die Dokumente des Nord-Süd-Dialogs in den entsprechenden UNO-Studien.

man eigentlich eine Enzyklika? In den Gemeindebuchläden sind unsere Medaillen, Kreuze, Pietas, Bibeln usw. zu erwerben, aber der Text einer Sozialenzyklika?

4. Wo die Dokumente dennoch zu Kenntnis genommen werden, stellen sie mit dem, was sie lehren, eine Herausforderung dar und sind durch ihre kontroversen sozialen Standpunkte für manche unbequem. Manche Aussagen von Enzykliken erscheinen zudem vielen als nicht zeitgemäß (wie z. B. das Verbot von hormonalen Kontrazeptiva in Humanae vitae von 1968), was denn nicht selten zu pauschalen Reserven gegenüber den Lehrschreiben der Kirche führte.

5. Zudem haben autoritäre Verlautbarungen, vom Staat wie von der Kirche bei weitem nicht eine so große Attraktivität wie Taten von wahrem christlichen Zeugnis und christlichem Leben.

III. Zeichen der Hoffnung

Trotz diesen hinderlichen Gründen gibt es aber auch ein neues Interesse an der kirchlichen Soziallehre. Eine neu entstandene Aufmerksamkeit wird dem entgegengebracht, was die Kirche zu politischen und wirtschaftlichen Fragen zu sagen hat, und das ganz besonders in den Ländern der „Dritten Welt". Denn die ernsthafte Krise, in der die Menschen sich auf nationaler und internationaler Ebene in Bezug auf die soziale Ordnung und die richtige Wertordnung befinden, fordert Priester, Politiker, Lehrer, Arbeiter wie Geschäftsleute heraus. Viele von ihnen sind auf der Suche nach Antworten, wobei die Positionen der Kirche im Bewußtsein der Menschen noch immer ein Gewicht zu haben scheinen.

Angesichts von Ungerechtigkeit, Armut, internationaler Verschuldung, sinkendem Lebensstandard, wirtschaftlichen und politischen Ungleichheiten, begleitet von den Ängsten vor einem weiteren Weltkrieg und erschwert durch das aktuelle Zeitgeschehen, suchen viele Menschen guten Willens wieder nach Erklärungen, Richtlinien und Weisungen auf der Basis einer christlichen Weltanschauung. Von der katholischen Soziallehre wird auf diese Fragen eine Antwort aus theologischer Sicht erwartet. Man fragt konkret: Welche Stellung nimmt die Kirche zu Krieg und Frieden, Raketen und Wettrüsten ein? Was sagt sie zu gewerkschaftlicher Gerechtigkeit für alle, zu den internationalen Entwicklungen, was zum Rassismus? Welche Stellungnahmen vertreten die Christen zu den Problemen der Menschenrechte, der Apartheid, zu Militärdiktaturen und den Verletzungen der Menschenwürde, oder zur Heiligkeit menschlichen Lebens? Wie stehen sie zur Arbeit, zu den Gewerkschaften, den Armen, den Frauen usw.? Kurz: Es existiert ein wachsendes Interesse an Antworten auf all diese Fragen, gerade auch in meiner afrikanischen Heimat.

Immer mehr Menschen entdecken zum ersten Mal oder entdecken wieder die große Fülle der christlichen Soziallehre. Die einen reagieren mit Überraschung, Erstaunen und Begeisterung; andere aber reagieren mit großem Mißtrauen und Ablehnung. Eine besondere Schuld trifft die Politiker der Linken wie der Rechten, die, sobald sie sich von der christlichen Soziallehre herausgefordert fühlen, bzw. wenn die Standpunkte dieser Lehre ihre eigene politische Richtung nicht begünstigen, laut protestieren. Auf all die schwieri-

gen konkreten Fragen wird man freilich in der christlichen Soziallehre keine einfachen Antworten finden. Was sie bietet, ist „Soziale Weisheit",[2] die aus
- biblischen Quellen
- den Traditionen der Kirchenväter
- scholastischer Philosophie
- theologischen Reflexionen
- konkreten Erfahrungen des Menschen mit Gott in der Geschichte,

Motivation für die Übernahme sozialer Verantwortung wie Richtung weisende Anregung für deren konkrete Verwirklichung anbietet.

Wir können an dieser Stelle nichts besseres tun als Papst Johannes XXIII. zu zitieren, der in seiner Sozialenzyklika von 1961 „Mater et Magistra" schreibt:

„Wir weisen vor allem darauf hin, daß die Soziallehre der katholischen Kirche ein integrierender Bestandteil der christlichen Lehre vom Menschen ist.... Diese Lehre muß nicht nur gekannt und erfaßt werden. Sie muß auch in die Tat umgesetzt werden, und zwar in der Weise und mit den Mitteln, die den jeweiligen örtlichen und zeitlichen Verhältnissen entsprechen" (Nr. 222/ 221).

Bezugnehmend auf das vorherige Zitat haben viele Bischöfe, ob aus Lateinamerika, USA, Afrika oder Asien versucht, sich mit verschiedenen aktuellen Themen und theologischen Tendenzen auseinanderzusetzen. Die Debatte über die „Theologie der Befreiung" oder der Hirtenbrief „Wirtschaftliche Gerechtigkeit für alle: Die katholische Soziallehre und die amerikanische Wirtschaft" von 1986, aber auch die sozialen Hirtenschreiben der Bischofskonferenzen von Österreich, wie von Kamerun von 1990 sind Zeichen für diese Verkündigung im Dienst an einer konkreten gesellschaftspolitischen Verantwortung.

Auf diese Weise wurde und wird versucht, die Zeichen der Zeit zu deuten und im Lichte des Evangeliums umzusetzen sowie die Inhalte der kirchlichen Soziallehre hervorzuheben. Diese Soziallehre wird inzwischen als eine geistige Kraft mit einer ethischen Orientierungsgrundlage verstanden. Innerhalb der Kirche oder auch außerhalb, besonders in den Ländern der Dritten Welt, gewinnt sie mehr denn je an Vitalität und Einfluß.[3]

IV. Einige Elemente aus der Soziallehre für die Dritte Welt

Konkret lassen sich die oben ausgeführten Überlegungen hinsichtlich ihrer Bedeutung für die Dritte Welt und damit auch für meine afrikanische Heimat in 10 Punkten zusammenfassen. Es sind zugleich die Maximen, nach welchen wir in unserem Sozialinstitut *CIDJAP* in Enugu (Nigeria)[4] unsere Arbeit anzugehen versuchen.

---

[2] Vgl. Peter J. Henriot / Edward P. Deberri / Michael J. Schultheis, Catholic social Teaching, Washington D. C. Center of Concern, 1988, 2.
[3] Vgl. Lothar Roos (Hg.), Stimmen der Kirche zur Wirtschaft, Beiträge zur Gesellschaftspolitik Nr. 26, Köln 1986.
[4] Vgl. unten Punkt VI.

1. Die Würde des Einzelnen

Als Bildnis Gottes nehmen Frauen und Männer in jeder sozialen Ordnung eine übergeordnete Stellung mit unumstößlichen politischen, sozialen und ökonomischen Rechten ein. Jede soziale Entwicklung muß vorrangig die Frage beleuchten: „Welche Folgen hat diese Entwicklung für den / die Menschen?" (Populorum Progressio, 1967, Nr. 8-26).

2. Feste Verbindung zwischen der religiösen und sozialen Dimension des Lebens

Denn, weil es sich bei allen „sozialen Gebilden" um vom Menschen geschaffene Strukturen handelt, kann man zwar nicht behaupten, diese seien als solche im göttlichen Plan enthalten. Weil sie aber doch zum Wesen des Menschen gehören, also vom Schöpfer gewollt sind, kann man darauf vertrauen, daß sie in und unter der Herrschaft Gottes stehen. Aus diesem Grund sind Glaube und Vertrauen engstens miteinander verknüpft (Gaudium et Spes, 1965, Nr. 39), und daher müssen wir auch Dichotomien zwischen „sakral und weltlich", „religiös und politisch", „diesseitig und jenseitig", „Entwicklung und Evangelisation" vermeiden. Die Christen sind aufgefordert, gegen alle einseitigen Verzweckungen, ein integrales Menschenbild zu vertreten.

3. Sensibilisierung für die Bedürfnisse der Armen

Indem Gott nach der ganzen biblischen Botschaft den Armen dieser Welt mit all ihren Befürchtungen, Bedürfnissen und unantastbaren Rechten besonderes Augenmerk schenkt, besteht für alle Glaubenden die Verpflichtung, diesen eine bevorzugte Behandlung zuzugestehen, und ihnen unsere uneingeschränkte Liebe zukommen zu lassen. Die Bezeichnung „arm" ist in diesem Zusammenhang als gleichbedeutend zu verstehen als eine Existenz mit sozialen und ökonomischen Nachteilen; diese sind eine Konsequenz ihres Status in der Gesellschaft, in der sie an Unterdrückung leiden und keinen Einfluß haben (Octogesima Adveniens, 1971, Nr. 23).

4. Liebe und Gerechtigkeit sind untrennbar miteinander verbunden

Nächstenliebe ist ein Gebot der Gerechtigkeit. Indem sich diese in Taten und gewachsenen Strukturen offenbart, wird die Menschenwürde gewahrt, die Bewahrung der Menschenrechte garantiert, sowie die Entwicklung einer menschlichen Gesellschaft ermöglicht: Gerechtigkeit steht im Dienst der Liebe (Bischofssynode De Justitia in mundo, 1971, Nr. 16 und 34).

5. Bemühungen um das Gemeinwohl

Die Gesamtheit aller ökonomischen, politischen und kulturellen Bedingungen einer nach sozialethischen Gesichtspunkten aufgebauten Gesellschaft, ist das Gemeinwohl. Ohne diese Voraussetzungen wäre es sowohl für Frauen als auch für Männer nicht möglich, die ersehnte Verwirklichung menschenwürdiger Lebensbedingungen zu erreichen. Das Streben nach individuellen Rechten darf daher nicht isoliert, d. h. ohne das Gemeinwohl außer Acht zu lassen, betrieben werden (Mater et Magistra, Nr. 65).

6. Beteiligung an politischen Entscheidungen

Demokratische Strukturen stellen den besten Weg dar, die Würde und Wahlfreiheit des Einzelnen in einem Entscheidungsprozeß zu gewährleisten. Aus diesem Grund sind allein demokratisch bestellte und rechtsstaatlich kontrollierte Regierungen das Instrument, mit dem das Gemeinwohl gesteigert werden kann (Pius XII. Weihnachtsbotschaft 1944).

7. Ökonomische Gerechtigkeit

Jedes wirtschaftliche Handeln soll primär den Menschen dienen und zugleich sollte jedem Individuum die Möglichkeit eröffnet werden, sein Umfeld durch ökonomische Aktivitäten so gestalten zu können, daß ein menschenwürdiges Dasein lebbar ist. Dies setzt als erstes eine gerechte Verteilung der zur Verfügung stehenden, begrenzten materiellen Ressourcen voraus. Als zweites muß der zur Verarbeitung der Ressourcen nötigen Arbeit als dem personalen Moment die nötige ethische Aufmerksamkeit geschenkt werden. Ihr kommt im Produktionsprozeß eine vorrangige Stellung gegenüber dem Kapital und den Technologien zu. Eine angemessene, gerechte Entlohnung, sowie das Recht der Arbeiter auf Bildung einer Gewerkschaft, muß, wie schon Rerum novarum es forderte, respektiert werden. Nicht weniger aber gilt es, durch Solidarität Frauen und die schwächeren Mitglieder einer Gesellschaft am Produktionsprozeß angemessen teilhaben zu lassen (Laborem Exercens, 1981).

8. „Stewardship"

Jeglicher Besitz ist wie eine Hypothek, die dem Besitzenden von der Welt und den darauf lebenden Individuen zur Verfügung gestellt wird. Alle Menschen sollten daher den Willen haben, zu teilen und mit den „geliehenen" Ressourcen respektvoll umzugehen. Durch unsere Arbeit und die gleichzeitige Nutzung dieser Ressourcen werden wir zu Mitverantwortlichen in einem ständigen Entwicklungsprozeß der Welt (Laborem Exercens, 1981).

9. Allumfassende Solidarität

Wir alle gehören zu ein und derselben menschlichen Familie und haben als solche eine kollektive Verpflichtung, eine adäquate Förderung der verschiedenen Gesellschaftsgruppen in der ganzen Welt gewissenhaft zu betreiben. Insbesondere sollten sich die „reichen" Nationen den „armen" Nationen gegenüber verpflichtet fühlen und diese Verpflichtung auch in Taten umsetzen. Das Völkerrecht als Konkretion von Gerechtigkeit im internationalen Bereich als Voraussetzung jeglicher Solidarität muß in jedem Fall beachtet werden (Populorum Progressio, 1967).

10. Verbreitung des Friedens

Friede ist die Frucht der Gerechtigkeit, die zugleich die Rechtsordnung zwischen menschlichen und bilateralen Beziehungen darstellt. Zur Erreichung und Gewährleistung einer sicheren und friedvollen Zukunft bedarf es einer Absage an den Rüstungswettlauf, sowie einer progressiven Abrüstung. Dies könnte von einer international legitimierten Autorität sichergestellt werden (Populorum Progressio, 1967).

V. Zur kontextuellen Entwicklung der Theologie und der sozialen Ethik aus einer Perspektive der Dritten Welt – eine Schlußfolgerung

In gewisser Weise sind die Theologien, sogar die abstraktesten unter ihnen, kontextuell, weil alles Denken und Theologisieren in einem bestimmten geschichtlichen, gesellschaftlichen und menschlichen Kontext ausgedacht wurden. Gleichgültig, ob sie in Klöstern, Universitäten, kirchlichen Kreisen, Priesterseminaren oder in isolierten, vielleicht unbedeutenden Kreisen zur Pflege christlicher Mitmenschlichkeit entwickelt wurden, fragen die meisten Theologien kaum je danach, was die Menschen von Gott wollen, sondern nur danach, was Gott von den Menschen will. Dies hat aber zur Folge, daß die Theologie in keinem konkreten Bezug zum täglichen Leben steht.

Das 2. Vatikanische Konzil hat in seinem Dekret „Gaudium et Spes" die gesamte Kirche aber dazu aufgefordert, „nach den Zeichen der Zeit zu forschen und sie im Licht des Evangeliums zu deuten" (GS Nr. 4). Galten bisher theologisch Schrift und Traditionen als einzige Quellen zur Erkenntnis von Gottes Willen, weist das 2. Vatikanische Konzil mit dieser Anerkennung humanwissenschaftlicher Erkenntnisse auf eine weitere Quelle, welche die konkreten Erlebnisse und Erfahrungen der Menschen für die Erkenntnis von Wahrheit ebenfalls zu berücksichtigen verlange. Menschen können nicht unabhängig von der Situation, in der sie leben, betrachtet werden, und viele theologische Ausführungen, die bisher wenig Beachtung gefunden hatten, erhalten für uns in Afrika einen neuen Sinn. Die Bedeutung der Bischofssynode von 1971, „Gerechtigkeit in der Welt" versucht diese neue Ganzheitlichkeit des Evangeliums zu betonen.

Diese Entwicklung hat, ausgehend vom II. Vatikanum, mit dem Appell von Papst Paul VI. in Kampala (Uganda) im Juli 1969 begonnen: „Ihr Afrikaner müßt eine afrikanische Theologie (Christentum) entwickeln. Ihr müßt Afrikaner und Christen bleiben."

Die kontextuelle Theologie Lateinamerikas hat mit dem Begriff der „Theologie der Befreiung" eingesetzt, die ihrerseits in ihren wissenschaftlichen Ursprüngen wenigstens teilweise auf die „Politische Theologie" von J. B. Metz zurückgeht. In den Vereinigten Staaten von Amerika setzte sie ein mit dem Begriff der „Schwarzen Theologie". In Afrika dagegen sprechen wir seit neuerer Zeit über Inkulturation, Inkarnation, Adaption und kulturelle Theologie, die zu Fraternität und Mitmenschlichkeit ermutigen soll. Damit sind wir als Afrikaner und Theologen jedoch gefordert, nach innen zu blicken und eine auf uns bezogene, kontextuelle Sozialethik zu entwickeln, um dann unsere Erkenntnisse auch an den entsprechenden Stellen innerhalb der Weltkirche kund zu tun. Auf unserer Suche nach einer neuen theologischen Haltung muß unser Afrikanersein unser Christsein daher so beeinflussen, daß christliche Ethik zu einem befreienden Ereignis, zu einer Moral der Bergpredigt in politischem Zusammenhang wird, die getragen ist vom Geist der Gerechtigkeit, Nächstenliebe und Versöhnung. Auf diese Weise nehmen Geburt, Hochzeit, Arbeit, Handel und Wirtschaft, soziale Organisationen, Krieg und Frieden, Liebe und andere Ereignisse des menschlichen Lebens Einfluß auf die Theologie aus einer traditionellen afrikanischen Perspektive. In früheren Zeiten wurden verschiedene Dokumente aus den alten Kirchen Europas komplett in die afrikanische Welt übernommen, ohne daß darauf geachtet worden war, welche Aspekte die Menschen in Afrika besonders betreffen.

Heute sind wir als afrikanische Theologen mit dem uns spezifisch eigenen Problem von Einheit in Vielfalt konfrontiert. D. h. wir müssen uns fragen: Wie können wir – eingebunden in die Einheit der katholischen Kirche – nach jenen Elementen aus Schrift und Tradition forschen, die für unseren Kontext und unser soziales Umfeld relevant sind, ohne gleichzeitig die Einheit der Kirche zu zerstören? Für uns Afrikaner ist es an der Zeit zu sagen, was wir sind und was wir nicht sind. Es ist an der Zeit, die eigenen Rahmenbedingungen festzustellen. Es ist an der Zeit, ursprüngliche afrikanische Werte zu etablieren und sie in Zusammenhang mit unserem täglichen Leben als Christen zu setzen, ohne die Grundwahrheiten, die den Menschen leiten, zu verleugnen. Dieses neue Verständnis muß dann ebenso Treue zum Evangelium Jesu Christi wie Treue zur Kirche und Treue zu dem afrikanischen Menschen umfassen.

Eine solche kontextuelle Theologie muß dann mit der Erhebung des konkreten Lebens in seinen konkreten und existentiellen Ausprägungen beginnen. Dies aber ist zweitens nicht die Arbeit von einzelnen, sondern einer Gemeinschaft: Geleitet durch eine Gruppe dient sie einem Gemeinschaftsglauben. Diese neue Theologie hinterfragt dazu alles, stellt Fragen und zielt in ihrer Einfachheit darauf, die Wahrheit Gottes in Jesus Christus wie in der afrikanischen Umwelt zu entdecken. Ihre Methode ist kritisch, wahrheitssuchend und ehrlich. Zugleich ist es attraktiv, so Theologie zu betreiben, denn keine Tradition ist zu sakral, um nicht in Frage gestellt zu werden, keine Dogmen sind so unantastbar, daß man ihren konkreten Bezug zu den Menschen scheuen müßte. Diese neue afrikanische theologische Art, Theologie zu denken, hat eine eigene Methode. Sie benutzt vorhandene nutzbare Quellen, wie z. B. Geschichte, Wirtschaft, biblische Forschung, wissenschaftliche Erkenntnisse der Soziologie und die Ergebnisse der Experten. Ihr Hauptziel ist nicht, unbedingt einen „Status quo" zu verteidigen, oder Probleme zu negieren, sondern ganz nach dem Motto Anselms von Canterbury: „Fides quaerens intellectum", die Wahrheit Jesu Christi in der heutigen afrikanischen Umwelt zu erkennen und zu leben. Insofern geht es um eine praktische Theologie, die nicht einfach um des Wissens willen betrieben wird, sondern um gelebt zu werden. Hier soll nicht einfach geforscht, sondern etwas getan werden. Denn erst dadurch wird das Christentum als eine Lebensart, nicht einfach als eine Lehre über die Liebe verstanden.

Wer könnte sich dann gegen eine solche, offensichtlich vom Hl. Geist geleitete theologische Entwicklung wehren, zumal diese sowohl wahrhaft afrikanisch als auch christlich und katholisch ist? In dieser kontextuellen theologischen Richtung haben wir in der Dritten Welt aber noch sehr viel Arbeit vor uns, und eben darum sollten wir hoffnungsvoll in die nächsten hundert Jahre der christlichen Soziallehre blicken. In dieser Zielsetzung haben wir in Nigeria aber nicht nur theoretisch nachgedacht, sondern auch eine konkrete Initiative ergriffen. Als Beispiel für ein mögliche Verwirklichung sei darüber hier abschließend noch kurz berichtet.

VI. CIDJAP: Eine konkrete praktische Antwort auf die Soziallehre in Nigeria

CIDJAP bedeutet *Catholic Institut for Development, Justice and Peace*. Die Gründung erfolgte im Jahre 1986. Im Sinn der vorangehenden allgemeinen Überlegungen werden folgende Ziele angestrebt:

a. Die Verbreitung der kirchlichen Soziallehre wie sie in verschiedenen päpstlichen Enzykliken und in anderen wichtigen lehramtlichen Dokumenten verkündigt wird.
b. Entwicklung und Vertiefung von pastoraler Reflektion, Leben und Aktion, aber auch theologischen Ideen und christlichen Idealen im Zusammenhang mit einer sich entwickelnden Theologie in Nigeria.
c. Die Förderung des Dialogs zwischen Kirche und Staat, besonders in der pluralistischen Gesellschaft des Landes, die gebildet wird von Nichtchristen, Nichtgläubigen, traditionellen afrikanischen Religionen und verschiedenen christlichen Konfessionen mit dem Ziel, Frieden, Toleranz und Gerechtigkeit zu fördern.
d. Die Suche und Entwicklung neuer Modelle und Methoden von Laienbeteiligung in Kirche und Staat durch Ausbildung und Motivierung zur aktiven Beteiligung an politischen Prozessen, die Gerechtigkeit, Frieden, Entwicklung und Fortschritt voranbringen.
e. Die Organisation von Seminaren, Symposien, Gruppendiskussionen, Vorträgen und Veranstaltungen zur Förderung der theologischen, pastoralen und sozialen Entwicklung auf verschiedenen Ebenen der Beteiligung und zu verschiedenen Themen.
f. CIDJAP hat zum Ziel, freiwillige Mitarbeiter zu gewinnen und darauf vorzubereiten, in abgelegenen Gegenden in den Dörfern zu arbeiten und Programme mit für die lokalen Bedürfnisse relevanten technischen Fähigkeiten zu entwickeln.
g. Die Einarbeitung einer Gruppe von Laien mit dem Ziel, sie besser zu befähigen im kirchlichen Sozialdienst und anderen wichtigen Bereichen zu arbeiten.
h. Das Institut versucht darüber hinaus als Zentrum des Informationsflusses, die Publikation und Verteilung von Büchern, die zur allgemeinen Bildung der Bevölkerung dienen, zu fördern. Dies geschieht im Bereich der Menschenrechte, der politischen Erziehung der Bürger sowie über die Soziallehre der Kirche und sonstigen Entwicklungen in nationalen, kirchlichen und internationalen Beziehungen.

Was wurde praktisch erreicht?

Aus den oben aufgeführten Zielen haben wir folgende bescheidene Projekte mit Erfolg verwirklichen können:
a. Eine theologische Ausbildungsstätte für Laien in Enugu mit dem Schwerpunkt: Christliche Soziallehre. Die angebotenen Kurse dauern ein bis zwei Jahre und verhelfen den Teilnehmern zu einer höheren Verantwortung im Staat, in der Gesellschaft und in der Kirche.
b. Eine kleine Druckerei „Josef Cardinal Höffner memorial Printing Press" steht im Dienst der Verbreitung der kirchlichen Lehrdokumente.
c. Die Verteilung der theologischen Reihe „Ordo Socialis" in 42 afrikanischen Ländern in Zusammenarbeit mit dem Bund katholischer Unternehmer in Köln. Das CIDJAP wurde dadurch zum „Regional Office in Africa" für diesen wichtigen Bereich sozialethischer Gewissensbildung.
d. Mit Hilfe von Missio und Misereor Aachen wurde ein Regionalzentrum der CIDJAP errichtet, welches für 16 Diözesen der Onitsha Eclesiastical Province zuständig ist.

e. Das CIDJAP veranstaltet regelmäßig Seminare auf lokaler, nationaler und internationaler Ebene zur sozialpolitischen Bildung im Geist der Soziallehre der Kirche.

f. Im Auftrag der Catholic Bishops Conference of NIGERIA, ist CIDJAP Koordinierungsbüro für Gesellschaftsfragen. Der Direktor von CIDJAP gehört zugleich der bischöflichen Kommission für Entwicklung, Gerechtigkeit, Frieden und Caritas an.

g. Nach dem letzten internationalen Symposium (August 1990 in Enugu) über die „Katholische Soziallehre in Afrika", wurde das CIDJAP zur Zentral- und Koordinierungsstelle für die neu gegründete Organisation AFRICA ASSOCIATION FOR THE ADVANCEMENT OF CATHOLIC SOCIAL TEACHINGS bestellt.

h. Für den Bereich der „Landwirtschaft" unterhält das Institut einen eigenen landwirtschaftlichen Betrieb mit Viehzucht, Schweinezucht, Geflügel, Fischteichen, sowie Plantagen mit Ananas, Palmöl, Mais, Cassava, Orangen, Bananen, Plantains, Gemüsen, und sonstigen tropischen Früchten. Dadurch können wir die Arbeitslosigkeit bekämpfen, die Bevölkerung ernähren und die Rolle der Kirche sowohl bei der Verkündigung des Evangeliums als auch im realen täglichen Leben der arbeitenden Menschen vertreten.

i. Zur Zeit sind wir dabei, mit und für über hundert obdachlose Familien Wohnungen zu bauen.

j. Was die Menschenrechte angeht, versucht das CIDJAP in vielen Fällen für Menschen in Not einzutreten. Verschiedene pastorale dem konkreten gesellschaftlichen Kontext sich anpassende Modelle sind dafür entwickelt und umgesetzt worden.

k. Mit Unterstützung vieler Menschen guten Willens ist es gelungen, viele Kinder von der Straße zu holen und ihnen eine Schulbildung zu ermöglichen.

Die Probleme

Als Probleme, die uns bei der Verwirklichung mancher dieser Ziele behindern, sind neben dem natürlich immer akuten Finanzmangel namentlich folgende besonders schwerwiegend:

a. Der Mangel an Ausbildungsplätzen für Priester und Laien im Bereich der kirchlichen Soziallehre, dem wohl am ehesten durch Studienfreiplätze in der Ersten Welt begegnet werden könnte.

b. Ein ernstes Problem ist die mangelnde Fachliteratur für unsere Ausbildungsarbeit. Zur Zeit ist trotz einer Hilfe von Missio Aachen die Bibliothek im Institut noch immer fast leer.

c. Aufgrund mangelnder Finanzen ist unsere Druckerei nicht in der Lage, das zu leisten, was sie könnte. Schon öfters konnte gute Fachliteratur nur als Manuskript verwendet werden, weil kein Papier zum Drucken gekauft werden konnte.

JOÃO BATISTA LIBÂNIO

Zur komplementären Bedeutung von kirchlicher Soziallehre und Befreiungstheologie[1]

Ein Hinweis aus lateinamerikanischer Sicht

Zum Verständnis der gegenseitigen Beeinflussung der Soziallehre der Kirche und der Befreiungstheologie, die sich theologisch vor allem in zwei unterschiedlichen Erkenntnisweisen des theoretischen wie praktischen Verständnisses, bzw. des Umgangs mit der gesellschaftlichen Problematik unterscheiden, empfiehlt es sich, zuerst Unterschiede und Gemeinsamkeiten der beiden Erkenntnisformen festzuhalten, um von da aus deren gegenseitiges Verhältnis umschreiben zu können.

I. Unterschiede

Unterschiede, bzw. jeweils spezifische Eigenheiten bedeuten noch keine Gegensätze, sondern Verschiedenheiten, die sich gegenseitig fruchtbar ergänzen können und deshalb nicht vorschnell aufeinander reduziert werden dürfen. Dies ist um so wichtiger, als beide Wege zunächst vom selben epistemologischen Ort auszugehen scheinen. Gelegentlich wird die Theologie der Befreiung sogar als eine „Katholische Soziallehre für Lateinamerika" verstanden. In dem Maße, wie die Katholische Soziallehre die gesellschaftlichen Neuerungen der Theologie der Befreiung in sich aufnimmt, würde sich diese dann selber überflüssig machen. Um eine solche irrtümliche Reduktion zu vermeiden, müssen Unterschiede und Eigenständigkeiten der beiden theologischen Zugänge hinsichtlich ihrer Wissensstruktur und ihres gesellschaftlichen Ortes, wie in den sie bestimmenden Erfahrungen herausgearbeitet werden. Gerade dabei zeigt sich dann auch, wie wenig sie aufeinander einfach rückführbar und gerade so komplementär bereichernd sind.

Betrachtet man unter dieser Voraussetzung als erstes die kirchliche Soziallehre unter dem Gesichtspunkt der *Strukturen des Wissens*, erweist sie sich als eine strukturierte Verkündigung im Bereich des Sozialen, sie beansprucht dabei eine bestimmte bleibende Gültigkeit, die im offiziellen Lehramt der Kirche ihre Wurzeln hat. Diese Lehre ist definiert als eine spezifische Gestalt des Wissens, das zwischen zwei Polen pendelt: Einerseits dem eines Korpus, einer Lehre als einem komplexen System mit universalem Charakter, das gut durchstrukturiert, mehr oder weniger vollständig und umfassend, in sich stimmig und streng ist, und andererseits der Beweglichkeit dienen und die

---

[1] Der Text basiert auf der Kurzfassung eines Beitrags, der demnächst erscheint in: P. Hünermann / J. C. Scannone / Carlos Galli (Hg.) Katholische Soziallehre, Wissenschaft, kulturelle Praxis, Evangelisierung, Mainz 1992.

Wirksamkeit für beständig sich ändernde Situationen, die sich auffächern und nach der Zeit und der Geographie unterscheiden, gewährleisten soll.

Die Katholische Soziallehre begründet ihre Positionen aus dem Naturrechtsdenken, aus der Sozialphilosophie mit allgemein gültigen Werten, aus biblischen Elementen und aus der kirchlichen Tradition, wie sie sich zu speziellen historischen Problemen geäußert hat, um eine Orientierung zum Handeln zu geben. D. h., sie unterwirft kontingente historische Situationen der Beurteilung durch Prinzipien, die in der menschlichen Vernunft und in der biblischen Tradition wurzeln. Die Verschmelzung der philosophischen und theologischen Prinzipien mit den kontingent-situativen Belangen, wie es in vielen konkreten Weisungen der Soziallehre geschieht, erlaubt dabei dem Christen einen legitimen Pluralismus, so daß man auch von Graden von Wahrheit in der Katholischen Soziallehre sprechen kann.

D. h., es gibt fundamentale Prinzipien der menschlichen Vernunft und des christlichen Glaubens, die den Charakter der Gültigkeit und Verpflichtung tragen. Es gibt aber auch Analysen, kluge und praktische Beurteilungen, Ratschläge, zeitbedingte Richtlinien, die weniger verbindlichen, also vorläufigen, veränderlichen und sogar fehlbaren Charakter haben. Eine gute Hermeneutik beachtet diese Unterschiede und es gibt mehr als genügend Arbeiten, die dies aufzeigen, etwa wenn untersucht wird, wie sich in der Katholischen Soziallehre der Begriff des Privateigentums, der notwendigen Ungleichheit der Menschen, des Sozialismus usw. im Verlauf der Jahrhunderte geändert hat. Diese Sicht erlaubt ein doppeltes Extrem zu vermeiden, nämlich den Objektivismus als einen starren und festgelegten Doktrinalismus wie einen relativistischen Subjektivismus oder theoretischen Nihilismus.

Die Soziallehre trägt so den Anspruch auf Wahrheit in sich, der ihr einen universalen und verpflichtenden Charakter verleiht, und sie verbindet dazu trotz ihrer inneren Spannung Wahrheit und Autorität: Als Wahrheit beruft sie sich auf die Evidenz ihrer Vernünftigkeit, als Autorität führt sie ihre Sendung als Interpretin der Offenbarung an.

Unter dem gleichen Aspekt des Wissens erweist sich dagegen die Theologie der Befreiung, die hier im engeren Sinn des Begriffs, also in dem nach Medellín (1968) in Lateinamerika gebräuchlichen Sprachgebrauch gefaßt ist, als eine Theologie, die auf die grundlegende Herausforderung eines neuen Überdenkens des Glaubens aus dem Kontext von Unterdrückung und Befreiung antwortet. Theologie der Befreiung ist also Theologie und nicht Lehre. Sie wird nicht, wie die Katholische Soziallehre, kraft lehramtlicher Autorität verkündigt, sondern ist Reflexion von Theologen, die natürlich mit der Kirche verbunden sind, als solche aber keine lehramtliche Autorität beanspruchen. Ihre Autorität kommt vielmehr aus der Stichhaltigkeit ihrer Reflexion und ihrer Funktion. Außerdem geht der soziale Aspekt mehr als Sichtweise, von der her die Offenbarung betrachtet wird, in ihre Reflexion ein denn als ein Objekt ihrer Forschung und Verkündigung.

Wie die Soziallehre steht aber auch die Theologie der Befreiung unter dem doppelten Anspruch von Universalität und Partikularität, allerdings in anderer Weise. Ihren Charakter der Universalität erhält die Befreiungstheologie aus dem Versuch, den christlichen katholischen Glauben zu verstehen, der als solcher universal ist. Ihr partikulärer Charakter ist auf die Tatsache zurückzuführen, daß sie diesen katholischen Glauben aus und für einen genau definierten kulturellen Kontext zu denken versucht. Das Spezifische ihrer

Episteme ist es, daß sie die Gesamtheit der Glaubenstradition der Kirche überdenken will, und deswegen ist sie Theologie und nicht Soziallehre im klassischen Sinn einer theologischen Auseinandersetzung mit den Problemen der kapitalistischen Industrialisierung als der „sozialen Frage". Nicht weniger typisch für sie ist aber auch, daß sie dies ausgehend von einem genau umschriebenen Kontext der postkolonialen Unterdrückung und der soziopolitischen Befreiung in diesem Kontext tun will. Es ist der gesamte christliche Glaube, der in der Theologie der Befreiung neu interpretiert werden soll und nicht nur die Thematik der sozialen Befreiung.

Neben den Unterschieden in der epistemologischen Struktur gibt es aber zweitens auch Unterschiede bzgl. des denkenden *Subjekts* in seinem jeweiligen *gesellschaftlichen Ort*: Die Katholische Soziallehre ist unter diesem Aspekt betrachtet vor allem ein Produkt des kirchlichen Lehramtes, und zwar sowohl des konziliaren wie auch des römischen oder des bischöflichen Lehramtes. Der Ort ihrer Entstehung ist die „Autorität", die öffentliche Repräsentation der Kirche. Darüber hinaus wurde sie überwiegend in der Ersten Welt erarbeitet, allerdings mit Anliegen, die die ganze Welt und in letzter Zeit besonders auch die Dritte Welt betreffen. Im Gegensatz dazu versucht die Theologie der Befreiung eine Antwort auf konkrete und neue Probleme gerade auch der Dritten Welt zu geben. Sie wagt Reflexionen, die in der Kirche neue Wege gangbar machen. Der Ort ihrer Entstehung ist das Engagement des Theologen in einer ganz konkreten Situation: Die Befreiung der Armen, und zwar nicht nur für sie, sondern vor allem auch mit ihnen.

Dies bedingt drittens aber auch Unterschiede bzgl. der die Denkweise bestimmenden *Erfahrungen*. So ist der Ausgangspunkt der Katholischen Soziallehre die Erfahrung der Gerechtigkeit, die sowohl von der menschlichen Vernunft erkannt, als auch von der kirchlich christlichen Tradition erarbeitet wird. Der Blickwinkel, unter dem sie die gesellschaftliche Wirklichkeit, die Beziehungen zwischen den Klassen und die verschiedenen Systeme betrachtet, ist die soziale Gerechtigkeit, die bis hin zum umfassenden Liebesgebot des Evangeliums verlängert wird.

Die Theologie der Befreiung dagegen geht von der Erfahrung Gottes in den Armen aus, die sie zunächst zu einem ethischen Protestschrei gegen die ungerechte Situation führt. Denn die ursprüngliche Kraft ihrer Inspiration ist nicht ein theoretisches Axiom, sondern die Wahrnehmung Gottes in den Armen. Es ist der Gott der Armen, der durch die Propheten des Alten Testaments und durch seinen Sohn Jesus gegen die Massaker an seinen „am meisten geliebten Kinder", d. h. gegen die Armen, protestiert. Ihnen will sie zur Stimme verhelfen, um gegen die zur Struktur verfestigte Sünde Veränderungen in Liebe und Gerechtigkeit zu fordern.

II. Gemeinsamkeiten

Trotz dieser Unterschiede dürfen aber die Gemeinsamkeiten der beiden Wege nicht übersehen werden. Denn beide werden geleitet von einem tiefen und ernsthaften Interesse an den gesellschaftlichen Problemen, wenn auch aus verschiedenen Blickwinkeln. Sie zeigen sich offen für die Geschichte, in dem sie annehmen oder voraussetzen, daß Gott in der menschlichen Geschichte wirkt. Ausgehend von diesem Hauptanliegen möchten beide eine im Glauben begründete Antwort auf den verheerenden Absolutheitsanspruch der gesellschaftlichen Ideologien geben. Beide wollen eine Lektüre der „Zeichen der Zeit" vornehmen, womit beide auch die Bedeutung der gesellschaftlichen Wirklichkeit hinsichtlich der Erlösung in Jesus Christus interpretieren wollen. Diese Übereinstimmung im wesentlichen Anliegen des christlichen Glaubens schafft tatsächlich eine große Annäherung von Katholischer Soziallehre und Theologie der Befreiung, so daß sich der Christ der Hilfe von beiden, je nach seinen verschiedenen theologischen und ethischen Bedürfnissen bedienen kann. Auf der Suche nach einer umfassenden Reflexion über seinen Glauben kann er vor allem auf die Theologie der Befreiung zurückgreifen. Braucht er dagegen eine Hilfestellung für sein unmittelbares Handeln, wird er eher in der Soziallehre als einer christlichen Sozialethik, die sich als Teil der Moraltheologie versteht, Prinzipien und Leitlinien finden.

Auch wollen beide eine Reflexion „von unten" sein. Die großen Entwicklungen der Moderne haben die Theologie wie die Soziallehre der Kirche dazu gebracht, daß sie in einer Art methodologischer Kehrtwende induktiv zu denken begannen. Das Denken der Kirche im allgemeinen und das der Theologie im besonderen war zwar lange von einem neuscholastisch deduktiven Denken geprägt. Zumindest seit der Zeit um das Zweite Vatikanische Konzil wird aber auch die Katholische Soziallehre zunehmend von einer induktiven Denkweise geprägt. Darüber hinaus arbeiten beide Formen auch mit einem mehr performativen und normativen als mit einem analytischen und deskriptiven Diskurs. Der analytisch-deskriptive Diskurs ist nur Zwischenstufe und nicht Ziel oder das Spezifische des Diskurses, der stets auf das Handeln hinzielt. Sowohl Soziallehre wie Befreiungstheologie sind also ein Diskurs aus der Praxis für die Praxis.

Schließlich erfüllen beide auch eine Rolle der Kritik an der gesellschaftlichen Wirklichkeit, wobei beide von einer christlichen Anthropologie ausgehen, deren tiefste Wurzel und Quelle das Geheimnis der Menschwerdung ist.

III. Zuordnung

Weder hinsichtlich der Problemstellungen noch in ihrer geschichtlichen Entwicklung waren die Beziehungen von Katholischer Soziallehre und Theologie der Befreiung immer einfach und leicht durchschaubar. Zwar gab es in einer ersten Periode eine parallele Entwicklung, die ohne Interaktion das gemeinsame Ziel der Verwirklichung von mehr sozialer Gerechtigkeit anstrebte: Die Soziallehre entwickelte ihre fundamentalen Positionen auf der Ebene des Lehramtes, vor allem des römischen universalen päpstlichen Amtes. In dieser Phase nährte sie ein politisches Projekt, wie es etwa im Konzept einer „Christlichen Demokratie" gefaßt wurde. Währenddessen entwickelte die Theologie der Befreiung ein anderes Konzept, in dem sich das Scheitern der Christlichen Demokratie bereits abzuzeichnen begann. Denn die parallele Entwicklung dauerte nicht sehr lange. Dann begann die Theologie der Befreiung sich von bestimmten Formulierungen der Katholischen Soziallehre zu distanzieren und geriet sogar mit ihr in Konflikt, vor allem wenn Christdemokraten in neuen politischen Situationen totale Regimes zu legitimieren begannen und sich dabei – ob zu Recht oder nicht – auf ihre angebliche Nähe zur Katholischen Soziallehre stützten.

Seitdem die Katholische Soziallehre selbst aber immer mehr versucht, die Wurzeln der Probleme und der aktuellen Deformationen und Konflikte tiefer zu erkennen und die Strukturen und Mechanismen des Unrechts, der Unterdrückung, der Diskriminierung und Beherrschung aufzudecken, die vor allem die Beziehung der sozialen Klassen untereinander belasten und hauptsächlich auf Kosten der Armen der Dritten Welt gehen, werden solche Verfälschungen schwieriger und die Nähe der beiden Sichtweiten tritt wieder deutlich hervor.

In diesem Prozeß kommt vor allem den Reflexionen von Papst Johannes Paul II. in seinem Rundschreiben „Laborem exercens" (1981) über die Arbeit eine bedeutende Rolle zu. Denn er stellt in diesem Dokument die Arbeit als Schlüssel zu den sozialen Beziehungen dar. Darüber hinaus verschaffen ihm seine Besuche in der ganzen Welt ein konkretes und selbst erlebtes Bewußtsein von den gesellschaftlichen Begebenheiten, die ihn zu Äußerungen führen, die denen der Befreiungstheologie sehr ähnlich sind.

Wenn man diese Phasen der Geschichte des Verhältnisses von Katholischer Soziallehre und Theologie der Befreiung betrachtet, kommt man zu dem Schluß, daß sie sich ergänzen können und daß die Phase, in der sich beide getrennt voneinander entwickelten, als überwunden betrachtet werden kann. Daher wäre es auch sinnlos, wenn Soziallehre und Befreiungstheologie einander gegenseitig ersetzen wollten. Denn würde die Theologie der Befreiung die Katholische Soziallehre ersetzen, verlöre die Kirche ein wichtiges lehramtliches Erbe von weitgehender autoritativer und geographischer Reichweite. Würde dagegen die Katholische Soziallehre die Theologie der Befreiung ersetzen wollen, ginge eine reiche theologische Reflexion verloren, die den Kirchen der Dritten Welt und ihren engagierten Christen konkret geholfen hat, ihren gesamten Glauben neu zu überdenken und nicht nur Anweisungen für das pastorale Handeln von außen zu erhalten.

Das wahre Verhältnis der zwei Gestalten von theologischem Wissen ist daher dasjenige der gegenseitigen Befruchtung. Jede der beiden Formen kann der anderen Perspektiven der Reflexion und eigene und bereichernde objektive Daten anbieten. Die Katholische Soziallehre hat viel zu fundamentalen sozialen Fragen erarbeitet, zu denen die Theologie der Befreiung noch nichts sagt. Diese wiederum besitzt bereits eine reiche theologische Reflexion, die die Katholische Soziallehre in ihren eigentlichen theologischen Betrachtungen unterstützen kann. Statt falschen Gegensätzen sind daher die Möglichkeiten zu fruchtbarer gegenseitiger Bereicherung und Kritik das, was eine wache Theologie von diesen zwei Denk-Zugängen her aufzuzeigen hat.

JOHN LANGAN

Katholische Soziallehre in den Vereinigten Staaten von Amerika*

Umfeld und Inhalt

I. Von 1791-1991

1991 ist das Jahr des 100jährigen Jubiläums der Katholischen Soziallehre, die ihre typisch moderne Ausprägung annahm, als Papst Leo XIII. im Jahr 1891 *Rerum Novarum* herausgab. Gleichzeitig jährt sich zum 200. Mal das, was die Amerikaner gemeinhin die „Bill of Rights" nennen: Die ersten 10 Nachtragsgesetze der Verfassung der Vereinigten Staaten von Amerika. Diese Nachtragsgesetze dienten der Behebung der von vielen frühen amerikanischen Patrioten und Politikern als schwerwiegend eingeschätzten Mängel der Bundesverfassung, die 1787 in Philadelphia entworfen worden war und mit der Amtsübernahme George Washingtons in New York im April 1789 in Kraft trat. Die „Bill of Rights" sollte Machtmißbrauch der neuen Bundesregierung verhindern. Trotzdem trug sie infolge ihrer Auslegung durch die Bundesjustizbehörde in den vergangenen zwei Jahrhunderten auf vielerlei Weise dazu bei, den Einfluß der Bundesregierung zu erweitern. Das berühmteste Zusatzgesetz in der „Bill of Rights" ist das erste: Der Kongreß wird kein Gesetz erlassen, das unter Ansehung einer Religion erfolgt, oder ihre freie Ausübung verbietet. Er wird kein Gesetz erlassen, das die Rede-, Presse- und Versammlungsfreiheit einschränkt; gleiches gilt für das Recht, bei der Regierung eine Petition für die Abstellung eines Mißstandes einzureichen. Die anderen Zusätze befassen sich mit Militär- und Rechtsfragen und bekräftigen das Recht, Waffen zu tragen, das Recht auf Schutz gegen willkürliche Hausdurchsuchungen und Beschlagnahmung. Auch sichern sie die Rechte auf Schwurgerichts- und Schnellverfahren etc. Die Zusätze zielen darauf ab, die Rechtsnorm festzulegen und Machtmißbrauch der rechtsprechenden Gewalt oder eines Organs, das die Richtlinien für die Rechtssprechung festlegt, zu verhindern.

Das erste Zusatzgesetz ist das grundlegendste der „Bill of Rights", und zwar aus zwei Gründen: Erstens garantiert es einen offenen Markt im Reich der Ideen und setzt die Regierung selbst dem forschenden Blick der Öffentlichkeit und ihrer Kritik aus. Im Nachhinein kann es das „Glasnost Zusatzgesetz" genannt werden. Zweitens stellt es den entscheidenden Schritt in dem großen amerikanischen Experiment dar, Kirche und Staat voneinander zu trennen. Religiöse Einrichtungen wurden dort, wo sie schon bestanden, nicht aufgelöst wie z. B. in Massachusetts und Connecticut, wo die Congregational Church weiterhin Staatskirche bis weit in das 19. Jahrhundert hinein blieb. Aber das

---

* Der Beitrag wurde von Wolfgang Mommsen, Münster übersetzt.

Zusatzgesetz verpflichtete die USA als Staat darauf, die weitreichenden Fragen religiösen Glaubens und seiner Ausübung, sowie die nach dem Beitrag der Religion zum öffentlichen Leben unbeantwortet zu lassen. Der amerikanischen „Bill of Rights" fehlt es an der Umfassenheit und am rhetorischen Elan sowie der Größe ihres französischen Zeitgenossen; aber es hat den entscheidenden Vorteil genossen, wirksam in die rechtliche und institutionelle Struktur des Landes eingefügt worden zu sein, ohne im Laufe der 200 Jahre beträchtlichen Schaden erlitten zu haben.

1791 bestand die katholische Gemeinde Amerikas nur aus einer kleinen Minderheitengruppe, die sich in Maryland und Pennsylvania versammelt hatte. Nach Schätzungen von John Carroll, dem ersten Bischof (1789) und Erzbischof (1808) Baltimores, gab es ungefähr 25 000 Katholiken in den früheren englischen Kolonien, sowie Gruppen von katholischen Französischkanadiern im Westen.[1] Dabei handelte es sich um etwa ein Prozent der Gesamtbevölkerung von über 3 Mio. Menschen. Carroll führte die frühe katholische Gemeinschaft Amerikas dahin, das Prinzip religiöser Toleranz und die sich allen Christen und Juden bietende Möglichkeit, am bürgerlichen Leben auf gleicher Basis teilzunehmen, zu begrüßen.[2] Die Annahme des religiösen Pluralismus in der neuen konstitutionellen Ordnung bedeutete, daß die katholische Kirche Amerikas, deren hierarchische Strukturen 1789 anfingen, sich herauszubilden, eine Vorreiterrolle im Katholizismus einnahm. Nach mehr als 200jährigem politischen, nicht selten gewaltsam geführten Kampf richtete sie sich auf für westliche Länder typische Umstände ein, in denen religiöse Institutionen frei von staatlicher Unterstützung und Kontrolle waren. Die Kirche atmete die Luft freier Diskussionen, ohne Bestrafung in Form von Verfolgung und Unterdrückung zu erleiden oder von staatlich unterstützter Rechtfertigung in Versuchung geführt zu werden. Das hat zur Folge, daß die katholische Kirche Amerikas trotz ihrer vergleichsweise kurzen Geschichte, mehr Erfahrung damit gesammelt hat, in einer offenen und demokratischen Gesellschaft zu leben als andere Orts- oder Staatskirchen, die auf eine weiter zurückgehende Geschichte verweisen können.

Diese Phase der Ausgestaltung, die die amerikanischen Historiker Bundesphase („Federal Period") nennen – sie beginnt mit der Nationalversammlung 1787 und endet mit der Wahl Andrew Jacksons 1828 – kann als Ausgangspunkt dafür dienen, einige wesentliche Faktoren zu betrachten, die die amerikanische Rezeption und Darlegung katholischer Soziallehre prägen.

1. Seit der Bundesphase hat der amerikanische Katholizismus durchgängig das allgemeine institutionelle Rahmenwerk der amerikanischen Gesellschaft akzeptiert. Selbst als die Vereinigten Staaten ihre bislang tiefste Spaltung über die miteinander verknüpften Streitfragen der Sklaverei und der Staatsrechte erlitt, richteten sich die Katholiken nach den Gepflogenheiten und konstitutionellen Theorien ihrer jeweiligen Region. Sie kämpften sowohl für den Norden als auch für den Süden. Vor dem Bürgerkrieg (1861–1865) gab es unter den Katholiken Sklavenhalter, vor allem in Maryland und Louisiana. Doch wäh-

---

[1] John Carroll, „Report Concerning the State of Religion in the United States of America," tr. John Gilmary Shea, in: *Documents of American Catholic History,* ed. John Tracy Ellis (Milwaukee: Bruce, 1962) 148.

[2] John Carroll, Sermon on Taking Possession of His See, Baltimore, December 12, 1790; in: ebenda, 173.

rend die Katholiken die grundlegende institutionelle und soziale Architektur der USA akzeptierten, waren sie sich darüber bewußt, daß sie lediglich eine untergeordnete Rolle bei der Ausbildung der neuen Staatsordnung gespielt hatten.

2. Der amerikanische Katholizismus ist immer eine Minderheitenkirche gewesen. Er begann die Bundesphase mit einem Anteil von einem Prozent an der Gesamtbevölkerung. Mittlerweile zählt er 55 Mio. Mitglieder in einer Gesamtbevölkerung von 250 Mio. Damit handelt es sich um 22 Prozent der Gesamtbevölkerung und um etwas mehr als ein Drittel der 145 Mio. Amerikaner, die sich selbst als Kirchenmitglieder betrachten. Die Katholiken Amerikas sind inzwischen zur größten Minderheitengruppe des Landes angewachsen.

3. Der Löwenanteil dieses enormen Zuwachses ist den Emigranten und ihren Nachfahren zuzurechnen. Dazu zählt der gewaltige Zustrom von Iren und Deutschen in den 40er Jahren des vergangenen Jahrhunderts, die Zuwandererwellen aus Polen, Italien und anderer Völker des östlichen und südlichen Europas in den 50 Jahren zwischen 1870 und 1920; dazu zählen auch die jüngsten Einwanderergruppen aus Vietnam und Lateinamerika. Seit mehreren Generationen verliefen für die Katholiken Amerikas die entscheidenden Trennungslinien innerhalb der Gesellschaft und Kirchengemeinschaft entlang ethnischer oder nationaler Zugehörigkeit. „Vermischte Ehen" gab es zwischen Deutschen und Iren. 1990 besuchte ich ein „Holy Name Breakfast" in einer Chicagoer Gemeinde, sang polnische Weihnachtslieder, betrachtete Kirchenfahnen und Gemeindemitteilungen in polnischer Sprache, nahm teil an der Trauer um zwei junge Arbeiter aus Warschau, die auf dem Kennedy Expressway ums Leben gekommen waren.

4. Die Anwesenheit einer großen Zahl katholischer Emigranten verstärkte gerade das Gefühl von Unsicherheit bzgl. ihrer Annahme und Eingliederung. Viele von ihnen galten den älteren protestantischen Emigranten, die aus Deutschland, Großbritannien und Holland kamen, als exotisch, minderwertig und nicht ganz amerikanisch, weil sie für sie die alte Welt darstellten.

5. Als Auswirkung einer Reihe von gehässigen Auseinandersetzungen auf lokaler Ebene über den protestantischen Einfluß auf das öffentliche Schulsystem machten es sich die Katholiken Amerikas im Laufe des 19. Jh. zur Aufgabe, ein unabhängiges System von Grund- und weiterführenden Schulen zu errichten. Dieses System umfaßte 1960 auf seinem Höhepunkt 4 Mio. Schüler. Zusätzlich zu diesem gewaltigen Vorhaben richteten die amerikanischen Katholiken ein großes Netzwerk von Universitäten, Krankenhäusern und wohltätigen Organisationen ein und unterhielten es. Mehr als die Hälfte aller katholischen Bildungseinrichtungen auf Universitätsebene in der Welt – Priesterseminare nicht hinzugerechnet – findet man in den Vereinigten Staaten.

6. Das gewaltige Wachstum der katholischen Gemeinde Amerikas während der letzten 150 Jahre seit dem Ende der Bundesphase und die Spannbreite institutioneller Verpflichtungen, die sie übernahm, war mit einem Katalog von Aufgaben und einem bestimmten Lebensstil verbunden. Die Fähigkeit, Führung zu übernehmen, und das Wachstum entstammen weder klösterlichen Wurzeln und Missionsreisen, noch kulturellen Erfolgen oder theologischen Errungenschaften. Sie gehen vielmehr auf die Fähigkeit zurück, Einrichtungen zu schaffen und sie zu verwalten. Bis auf den heutigen Tag steht die

katholische Hierarchie in Stil und kulturellen Belangen Managern näher als Hochschullehrern und anderen Intellektuellen.

7. Da sich die Emigranten vor allem in Städten ansiedelten, die durch die industrielle Revolution zu den Arbeitsplätzen Amerikas wurden, entwickelte sich die katholische Kirche vor allem zu einer Religion der Städte. Es hat immer katholisch geprägte Gegenden auf dem Lande gegeben und es gibt sie noch: das nördliche New England, New Mexico, Gegenden in Minnesota und Iowa, die ursprünglich von Iren, Deutschen und Tschechen im letzten Jahrhundert besiedelt wurden. Der weitaus größte Teil des ländlichen Amerikas ist jedoch protestantisch. In vielen großen Städten wie Boston, Philadelphia und sogar im vielsprachigen New York wurde der Katholizismus die bestimmende religiöse Kraft. Das katholische Generalvikariat in New York war lange bekannt als das Machtzentrum („Power House"). Die amerikanische Kirche sorgte sich um die Bedürfnisse der Armen in den Städten und nahm Anteil an den wirtschaftlichen Erwartungen der industriellen Arbeiterklasse.

8. Die bestimmende politische Tendenz in der katholischen Kirche Amerikas stand auf der Seite der Arbeiter und hieß Franklin Roosevelts „New Deal" in den 30er Jahren willkommen, ohne daß es eine nennenswerte Unterstützung des Sozialismus oder anderer radikaler und „unamerikanischer" Ideologien gab. Im allgemeinen unterstützte die Kirche die Forderung der Arbeiter, sich in Gewerkschaften zu organisieren, so lange die Gruppen, die dies forderten, von Kommunisten und Anarchisten unbeeinflußt blieben. In diesem Zusammenhang bewahrte Kardinal Gibbons von Baltimore die „Knights of Labor", die „Ritter der Arbeit", vor einer drohenden Verurteilung aus Rom im Jahr 1885. Die Kirche unterstützte die Arbeiterorganisation also nicht nur auf der Ebene der Religion oder Ideologie, sondern auch auf der Ebene von Gewerkschaften (AFL-CIO). Es ist schon häufig darauf hingewiesen worden, daß die USA das einzige unter den bedeutenden industriellen Ländern ist, das ohne nennenswerte oder anhaltende sozialistische Bewegung geblieben ist. So gab es weder einen Sozialismus, mit dem die Kirche um das ideologische Engagement der Arbeiter hätte ringen müssen, noch einen Sozialismus als Verbündeten in der Kritik gegen die Exzesse des industriellen Kapitalismus.

9. Während der Katholizismus in Amerika keine Sympathien für ländliche oder andere Ausprägungen des Konservativismus hegte und er für die führenden Schichten in der Wirtschaft und an den Universitäten unannehmbar blieb, blieb er durch und durch konservativ und traditionell. Er lehnte in Theorie und Praxis einen Großteil des Reformprogramms für das Erziehungswesen ab. Er setzte sich vehement für den Schutz der traditionellen Familie gegen die Folgen der Verstädterungen und Industrialisierung, sowie gegen eine verbreitete geographische und soziale Mobilität ein.[3] Von seiten derer, die im intellektuellen und künstlerischen Leben eine Vorrangstellung innehatten, wurde der Katholizismus mit Zurückhaltung und Geringschätzung betrachtet.

10. Die katholische Kirche in den Vereinigten Staaten entfernte sich von John Carrolls ursprünglichem Ziel einer Nationalkirche, in der die Kandidaten für ein Bischofsamt auf lokaler Ebene unter Vorbehalt einer Zustimmung aus Rom ausgewählt werden sollten. Nachdem einige französische Prälaten in

---

[3] Elizabeth McKeown, „The Seamless Garment". The Bishops' letter in the Light of the American Catholic Pastoral Tradition, in: *The Deeper Meaning of Economic Life* ed. R. Bruce Douglass (Washington D. C.: Georgetown University Press, 1987), 117–138.

führende Stellungen aufgerückt waren, übernahmen Iren im Laufe des 19. Jh. die Vorherrschaft in der Hierarchie der amerikanischen Kirche. Wie ihre Brüder in Dublin, Maynooth, Melbourne und Armagh begrüßten sie die Unterstützung und Führung aus Rom und waren ohne weiteres bereit, Seite an Seite mit Rom gegen mächtige Strömungen in ihrer protestantischen Umwelt vorzugehen. Das große Netzwerk von Erziehungseinrichtungen bewirkte nur wenig an intellektueller Schaffenskraft,[4] wenngleich es vor allem nach dem Zweiten Weltkrieg eine große Zahl von Geschäftsleuten und Führungskräften auf mittlerer Ebene hervorbrachte. Das intellektuelle Leben der Katholiken Amerikas vor den 60er Jahren war gekennzeichnet von einer Abhängigkeit von ausländischen, in der Regel französischen und britischen, Importen, und von Konvertiten. Die führenden katholischen Romanciers Amerikas in der ersten Hälfte dieses Jahrhunderts Hemingway und Fitzgerald blieben weder katholisch noch schrieben sie als Katholiken. Der Zuwachs der Kirche zog eine gewaltige Nachfrage an architektonischer sowie künstlerischer Arbeit nach sich; aber die übliche Reaktion auf den Bedarf war eine der Formen des Historizismus (Neogotik, Neoromanik, Neobarock, Neogregorianisch), hinter der sich zwar modernistische Elemente verstecken mochten, die aber in der Regel mit dem römischen Traditionalismus im Einklang stand.

11. Innerhalb der katholischen Gemeinschaft Amerikas konnten Autoritarismus, Traditionalismus und Konservativismus inmitten einer liberalen, offenen und demokratischen Gesellschaft erblühen. Aus rechtlicher und konstitutioneller Sicht war das möglich, weil der Autoritarismus, Traditionalismus und Konservativismus freiwillig gewählt und durch ein Netzwerk sozialer Sanktionen, das nicht aufgezwungen worden war, am Leben erhalten wurde. Diese Kombination erschien vielen Menschen, vom nordamerikanischen Zweifler bis hin zum römischen Kurienkardinal, paradox und wenig beständig. Viele amerikanische Katholiken bekräftigten mit Nachdruck, ja sogar mit Trotz, ihre Zugehörigkeit sowohl zu den Vereinigten Staaten als auch zur katholischen Kirche. Als widersprüchlich wurde das mehr in den Augen liberaler Protestanten und Prälaten auf Besuch empfunden als in den Krankensälen Chicagos oder in den Schulräumen Notre Dames.

12. Trotz der Widersprüche – vielleicht gerade wegen ihrer – schuf die katholische Kirche inmitten ihres institutionellen und politischen Engagements und ihrer geschäftigen pragmatischen Ausrichtung einige Oasen der Beschauung und menschlicher Zuwendung. Hier fanden die Menschen einen Gott, dessen Sprache bewegender und eindringlicher war als das Getöse der großen Städte. Das war auch die Kirche eines Thomas Merton und der Trappisten, die Kirche einer Dorothy Day und der „Catholic Workers", von Flannery O'Connor und Walker Percy. Einige ihrer bewegendsten Autoren und Heiligen kämpften nicht nur mit einem gängelnden und bigotten protestantischen Amerika, sondern auch mit dem Materialismus und mit den moralischen Vergehen der katholischen Kirche selbst. Die Kirche Amerikas ist nicht lediglich eine soziale oder kulturelle Erscheinung, welches Interesse ihr auch immer aus sozialer und politischer Sicht zukommen mag. Sie ist auch

---

[4] Eine berühmte Anklage der intellektuellen Oberflächlichkeit des amerikanischen Katholiszismus der Jahrhundertmitte wurde vorgelegt von dem berühmten Kirchenhistoriker Monsignor John Tracy Ellis, in: „American Catholics and the Intellectual Life". Thought 30 (1955), 351–388.

Wohnung des Allerhöchsten mit seinem Volk, das sich auf der Suche nach dem richtigen Verständnis seiner Forderungen und unserer gelebten Antwort auf sie befindet.

Die Entwicklung der katholischen Kirche in den Vereinigten Staaten in der Phase zwischen 1789, dem Gründungsjahr der Hierarchie, bis 1965, dem Abschluß des Zweiten Vatikanums, kann man folgendermaßen zusammenfassen: Es handelt sich um die Entwicklung einer Kirche der Armen in einem sehr reichen Land. Handelt es sich dabei zugegebenermaßen auch nicht um die ganz Armen im Weltmaßstab, so geht es sicherlich dennoch um Bedürftige. Es ist die Entwicklung einer Kirche, die sozialen und theologischen Konservativismus mit politischem Reformismus und konstitutionellem Liberalismus verbindet. Sie widersetzt sich einerseits kultureller und intellektueller Erneuerung, während sie andererseits ihre Mitglieder auf eine erfolgreiche Teilnahme in einer Gesellschaft vorbereitet, die sich zutiefst technologischer Erneuerung und Toleranz gegenüber kultureller Modernisierung verschrieben hat. Sie ist gekennzeichnet von der Verehrung althergebrachter Rituale und hierarchischer Strukturen, erblüht jedoch in einer Gesellschaft, die sich auf demokratische Weise durch wenig Formalitäten und soziale, allerdings nicht ökonomische, Gleichheit auszeichnet. Die katholische Kirche Amerikas ist eine Vielvölkerkirche in einer Gesellschaft, die der Nährboden einer kosmopolitischen und von Medien getragenen Kultur im postindustriellen Zeitalter werden sollte.

II. Das Programm sozialer Erneuerung von 1919

Soweit handelt es sich um die allgemeine Charakterisierung des amerikanischen Katholizismus, wie er sich den größten Teil der ersten beiden Jahrhunderte darstellte. Ich möchte sie als Referenzrahmen für die Lektüre der drei bedeutendsten Dokumente amerikanischer Soziallehre von katholischer Seite verwenden. Das zweite und dritte sind auch in Deutschland breiter bekannt. Es handelt sich dabei um zwei von der „US-Catholic-Conference" vorbereiteten Hirtenbriefe: der eine über Krieg und Frieden im Jahr 1983, der andere über die Wirtschaft der Vereinigten Staaten im Jahr 1986. Beide, vor allem aber *The Challenge of Peace* haben Anstoß zu einem beachtlichen Ausmaß an Kontroversen und Kommentaren gegeben. Dem Schreiben *The Challenge of Peace*, das Anstoß zu entsprechenden Dokumenten der deutschen und französischen Kirche gab, kommt das besondere Verdienst zu, die erste Erkundung eines Gebiets zu sein, das von der Kirche während der ungefähr 40 Jahre kalten Krieges und nuklearer Konfrontation der Supermächte noch nie so umfassend und unvoreingenommen behandelt worden war. Das Hirtenschreiben von 1986 *Economic Justice for All* und das viel ältere und weniger bekannte „Bishop's Program" für soziale Erneuerung (Februar 1919) decken Themen und Streitfragen ab, die uns in der katholischen Soziallehre viel eher vertraut sind.

Das Programm sozialer Erneuerung war nur eines unter mehreren Vorschlägen, die von der Kirche und politischen Parteien in den USA und auch in Großbritannien während der dem Ersten Weltkrieg folgenden Nachkriegswirren gemacht wurden. Darin wird festgestellt, daß der Wandel im Nachkriegseuropa durchgreifender sein wird als in den Vereinigten Staaten. In dem Programm wird die weise Feststellung gemacht, daß „unsere überlegenen natürlichen Vorteile und Ressourcen, die besseren industriellen und sozialen

Lebensbedingungen unserer Arbeiterklasse immer noch ein Hindernis für alles, was revolutionären Veränderungen gleicht, darstellt".[5] Das Programm vermeidet die Formulierung eines umfassenden Plans der Erneuerung, bietet jedoch einen weitreichenden Katalog sozialer Vorschläge. Damit folgt es dem sicheren Pfad der Sozialenzykliken bis hin zu *Pacem in terris* (1963), die von einem Naturrechtsverständnis moralischer Prinzipien und der Natur politischer Ordnung hin zu allgemeinen politischen Folgerungen argumentierten. Darin wird nicht der Versuch unternommen, die biblische Perspektive und die ehrgeizigeren anthropologischen und theologischen Erwägungen darzulegen, die in den Hirtenbriefen aus den 80er Jahren zu finden sind.

Das Programm von 1919 beschränkt sich auf „solche Reformen, die wünschenswert und innerhalb eines vernünftigen Zeitraums auch erreichbar sind, sowie auf wenige allgemeine Prinzipien, die als Richtschnur für zukünftige Entwicklungen dienen sollen"[6]. Das Programm fordert:

1. Arbeitsbeschaffungsmaßnahmen für die zurückkehrenden Soldaten und Seeleute in der Landwirtschaft und in der Industrie.

2. Schutz der weiblichen Arbeiter vor Schaden an Leib und Seele und Reduzierung des Anteils der Frauen in der Arbeiterschaft im Zusammenhang mit „gleicher Bezahlung" für Männer und Frauen für gleiche Qualität und Quantität an Arbeit.

3. Fortsetzung des „National War Labor Board", der sich die gerechte Schlichtung von Auseinandersetzungen in der Industrie zum Ziel gesetzt hat.

4. Erhalt der Lohnhöhe für Arbeiter und Ablehnung allgemeiner Lohnkürzungen.

5. Von öffentlicher Hand bezuschußtes Wohnen in großen Städten.

6. Verminderung der Lebenshaltungskosten, und zwar nicht durch Preiskontrolle, sondern durch Genossenschaftsläden.

7. Ein gesetzlicher Mindestlohn.

8. Vorsorge durch staatliche Versicherungen, die bei Krankheit, Invalidität, Arbeitslosigkeit und hohem Alter in Kraft treten; Errichtung kommunaler Krankenhäuser und kostenlose medizinische Versorgung für alle, die sie selbst nicht bezahlen können.

9. Teilhabe der Arbeitnehmer am industriellen Management.

10. Fachausbildung ohne „Klassentrennungen in der Erziehung oder ein Staatsmonopol in der Erziehung" zu fördern.

11. Besteuerung zur Verhinderung von Kinderarbeit.

Viele dieser speziellen Maßnahmen sind von Staats- oder Bundesregierungen durchgeführt worden. Die Annäherung an einige der Zielvorstellungen mußte auf indirekte Weise erfolgen. Die Entwicklung eines Katalogs von Maßnahmen und Entscheidungen innerhalb des Gesundheitssystems, die gleichen Zugang für alle Amerikaner in Not garantieren sowie die verstärkte Teilnahme der Arbeitnehmerschaft auf fast allen Ebenen des Managements sind Ziele, die sich heutigen Reformern immer noch entziehen.

Der allgemeine Standpunkt, den die Bischöfe bei der Wahl zwischen Sozialismus und Kapitalismus einnehmen, scheint heute noch eher zuzutreffen, als er es schon 1919 tat. Die Bischöfe schreiben:

---

[5] Bishops' Program of Social Reconstruction, Februaray 12, 1919; in: Documents, aaO, 591.
[6] Ebd.

„Es scheint klar, daß das gegenwärtige industrielle System dazu bestimmt ist, in seinen Hauptmerkmalen lange zu bestehen... Diese Vorhersage erachten wir als nicht nur sehr wahrscheinlich, sondern als höchst wünschenswert; denn Sozialismus würde, von anderen Gesichtspunkten einmal abgesehen, Bürokratie, politische Tyrannei, die Hilflosigkeit des Individuums als ein Faktor bei der Bestimmung seines eigenen Lebens und insgesamt soziale Ineffizienz und Verfall bedeuten."[7]

Mit dieser Position beziehen die Bischöfe einerseits Stellung, die der von Walter Rauschenbusch und den protestantischen Predigern des „Social Gospel" entgegenläuft, sie steht aber andererseits im Einklang mit der Position Leos XIII. über Privateigentum. Dennoch, die Position der Bischöfe beinhaltet auch eine äußerst kritische Reaktion auf das Wirtschaftssystem in seiner damaligen Form. In den Augen der Bischöfe litt es an drei Hauptmängeln: „Gewaltige Ineffizienz und Verschwendung in der Produktion und Verteilung von Gütern; unzureichende Einkommen für die große Mehrheit der Lohnarbeiter, und unnötig große Einkommen für eine kleine Minderheit privilegierter Kapitalisten."[8] Die Bischöfe behaupteten damals, daß der Weg zu voller Effizienz, worunter sie die Steigerung der Produktion verstanden, darin besteht, die Arbeiter von Lohnarbeitern zu Teilhabern an den Produktionsmitteln zu machen. Die Bischöfe legten großen Wert darauf, dieses System des „Worker ownership", das auch ein vernünftiges Maß an Beteiligung im Management einschloß, vom System des Staatseigentums zu unterscheiden. Was die Löhne anging, traten sie nicht nur für überall geltende Mindestlöhne ein, sondern auch für „eine gerechtere Verteilung von Wohlstand im Interesse der Arbeiter".[9]

Gegen das Problem der unverhältnismäßig großen Einkommen hielten die Bischöfe drei Maßnahmen für gut: „Verhinderung einer monopolistischen Kontrolle von Gütern; angemessene staatliche Kontrolle derjenigen öffentlichen Dienstleistungsmonopole, die in privater Hand liegen, und hohe Besteuerung von Einkommen, unverhältnismäßig großen Gewinnen und Erbschaftseinkünften".[10] Die Bischöfe schließen damit, Arbeitern und Arbeitgebern an die Notwendigkeit eines Wandels ihrer Haltungen und Einstellungen zu erinnern. An die Arbeiter gerichtet bedeutet das, daß sie den „Wunsch nach einem Maximum an Bezahlung für ein Minimum an Leistung" aufgeben und die Verpflichtung, „anständige Arbeit für angemessene Bezahlung zu leisten", anerkennen. An die Adresse der Arbeitgeber gerichtet bedeutet das, daß sie „den Arbeiter als menschliches' Wesen, nicht nur als Instrument, das der Produktion dient", anerkennen und daß sie „das Recht des Arbeiters auf angemessene Lebensumstände als die oberste sittliche Aufgabe der Industrie"[11] verstehen. Das bedeutet, daß Profite nur dann legitim sind, wenn der Lohn der Arbeiter wenigstens zur Sicherung ihres Existenzminimums ausreicht. Im allgemeinen waren die Bischöfe entgegen der unter vielen Ökonomen und Geschäftsleuten verbreiteten „Weisheit" der Ansicht, daß „es so etwas wie faire Profite, faire Zinsen und faire Preise gibt"[12].

[7] Ebd. 600.
[8] Ebd.
[9] Ebd. 601.
[10] Ebd.
[11] Ebd. 603.
[12] Ebd.

III. Von 1919-1983

Das Programm von 1919 wurde von Monsignore John A. Ryan entworfen, der in der ersten Hälfte dieses Jahrhunderts der einflußreichste katholische Sozialethiker in den Vereinigten Staaten war.[13] Sein Entwurf wurde von den vier Bischöfen angenommen, die den Verwaltungsrat des „National Catholic War Council" bildeten. Dieser wurde später, im Jahre 1919, umgestaltet in die „Catholic Welfare Conference", die ihrerseits die Vorläuferin der „US - Catholic Conference" und der Bischofskonferenz wurde. Das Programm von 1919 und Ryans Überzeugungen werden allgemein für eine Vorwegnahme des „New Deal" gehalten: So lautet eine lesenswerte Biographie von Ryan *Right Reverend New Dealer*: „Hochwürdiger New Dealer".[14] Dennoch wäre es ein Fehler, das Dokument einfach für einen Vorreiter späterer politischer Lösungen für die Probleme des industriellen Kapitalismus zu halten. Es sollte vielmehr in historischer Perspektive als ein bedeutender Schritt der katholischen Kirche gesehen werden, mit dem sie ihren Standort in der Debatte, die in der breiten amerikanischen Öffentlichkeit geführt wurde, bestimmte, und zwar zu einem Zeitpunkt, als die Kirche mehr Zuversicht hinsichtlich ihrer anhaltenden Akzeptanz für amerikanische Vorstellungen gewann. Auf der Basis von *Rerum Novarum*, aber zugleich unter Berücksichtigung der speziellen Probleme und Möglichkeiten der USA, gelang es der Führung der katholischen Kirche Amerikas, ein allgemeines Programm zu formulieren, das sich nicht auf Streitfragen und Interessen, die nur die Kirche betrafen, beschränkte, sondern das einen reformatorischen Standpunkt in Bezug auf Praktiken und Haltungen im amerikanischen Wirtschaftsleben einnahm.

Die Wende im politischen Leben Amerikas nach 1919 war weniger günstig für reformatorische Ansätze als die Impulse, die den Antrieb zur Fortschrittsbewegung in der amerikanischen Politik gegeben hatten, abflauten. Fortschrittserwartungen, die während der Amtszeit von Theodore Roosevelts (1901-1909) und Woodrow Wilson (1913-1921) mächtig gewesen waren, verloren an Bedeutung angesichts der Rückkehr zur „Normalität", wie sie von Warren Harding (1921-1923) versprochen wurde und angesichts des wachsenden wirtschaftlichen Optimismus und des erhofften Booms der 20er Jahre. Dieser Boom verdeckte und verstärkte viele der Probleme, die den Bischöfen Sorge bereitet hatten. Gleichzeitig ging die ungleiche Verteilung des Wohlstands in den 20er Jahren einher mit dem Wiederaufleben einer Strömung, die die Einheimischen vor Einwanderern bevorzugte und mit einem antikatholischen Ressentiment. Es trat besonders im Wiedererstarken des Ku-Klux-Klan, mit dem Ende uneingeschränkter Einreise (1923), und der vernichtenden Niederlage Alfred E. Smith in Erscheinung, der als Gouverneur von New York im Jahr 1928 als erster Katholik für das Präsidentenamt kandidierte.

Betrachtet man das Programm von 1919 aus einer systematischeren Sicht, so muß man feststellen, daß es optimistische Erwartungen bezüglich der Fairneß, wahrscheinlichen Kosten und Wirksamkeit beinhaltet, wie sie für die

---

[13] Vgl. für einen ausgezeichneten kurzen Überblick über Ryan's sozialem Denken, Charles Curran, American Catholic Sozial Ethics (Notre Dame, in: University of Notre Dame, 1982), 26-91.
[14] Francis L. Broderick, Right Reverend New Dealer: John A. Ryan (New York: MacMillan, 1963).

Maßnahmen der Regierung, mit denen die Ungerechtigkeiten des Wirtschaftssystems behoben werden sollten, zu erwarten waren. Den meisten Amerikanern gelang es in den 70 Jahren, seit dem das Programm verabschiedet wurde, den Zwängen einer zermürbenden Armut zu entgehen. Aber die Tendenz der letzten 20 Jahre, die in die Richtung wachsender Einkommensungleichheit weist, bedeutet, daß die Hauptübel, welche die Bischöfe 1919 wahrnahmen, immer noch bestehen und daß sie trotz der seit einiger Zeit vorherrschenden „Reaganomics" und einer angebotsorientierten Wirtschaftspolitik wahrscheinlich auf irgendeine Weise in den Mittelpunkt der öffentlichen Debatte zurückkehren werden. Doch diese Tendenzen müssen zur Zeit in einer Phase verbreiteten Zynismus' und Unmuts über die Bundesregierung verhandelt werden. Sieht man einmal von den wirtschaftlichen Erfolgen der Katholiken Amerikas ab, so beeinflussen diese Tendenzen die katholische Kirche auch auf eine ganz andere Weise.

Als die Bischöfe 1919 über die ungenügenden Einkommen der großen Mehrheit der Arbeiter sprachen, redeten sie auf ziemlich unverstellte Weise von den Lebensverhältnissen und den Nöten ihrer eigenen Leute. Die Solidarität der Kirche mit den Armen bestand direkt und unmittelbar. Die Bischöfe konnten für Stahlarbeiter in Pittsburgh, für Dockarbeiter in Boston, für Sekretärinnen in New York und Polizisten in Chicagos Straßenschluchten reden. 1986, und das gilt auch für die Zukunft, fällt die große Mehrheit derer mit einem deutlich zu geringen Einkommen in drei Kategorien: Die Schwarzen, die Armen in ländlichen Regionen und die zuletzt Eingewanderten. Von denen ist nur die letzte Gruppe stark katholisch. Die Mehrheit der Katholiken ist in die amerikanische Mittelschicht aufgestiegen und bekommt nur gelegentlich die Folgen schwerer wirtschaftlicher Not zu spüren. Es ist üblich geworden, Katholiken an der Spitze großer Konzerne zu finden (Chase Manhattan, General Electric, Chrysler, Manufacturers Hanover). Ihre Verteilung auf die verschiedenen Einkommensgruppen und ihr Besitz von Statussymbolen ist ungefähr vergleichbar mit dem der Gesamtbevölkerung. So weist Andrew Greeley gerne darauf hin, daß die irischstämmigen Amerikaner nur den Juden an finanziellem Erfolg nachstehen.[15] Das bedeutet aber nicht, daß religiöse und ethnische Unterschiede vollständig aufgehoben wären. Katholiken sind in der Regel bedeutender und erfolgreicher in der Politik, im Wirtschaftsleben, in der Verwaltung und im Militär als in den Wissenschaften, im akademischen Leben und in den Medien. Dieses im großen und ganzen erfreuliche Bild entspricht nicht den gegenwärtigen Erfahrungen der Amerikaner spanischen Ursprungs, obgleich es als ein Hinweis auf ihre langfristige Zukunft gesehen werden kann.

Der Wandel in Bildung und Besitz, den ein bedeutender Teil der katholischen Amerikaner während der Jahre von 1919–1983, als die Bischöfe ernsthaft darangingen, „*Economic Justic for all*" zu entwerfen, unterlag, bedeutet nicht, daß die Verhältnisse täglich in jeder Hinsicht immer besser wurden. Es war offensichtlich, daß die Teilnahme an der Überflußgesellschaft die Katholiken und ihre Familien nicht vor den Risiken gescheiterter Ehen und Scheidungen bewahrte. Die amerikanischen Katholiken waren wie alle Amerikaner beeinflußt von der Ruhelosigkeit, von dem Verlangen nach Sensationellem

---

[15] Andrew Greeley, Ethnicity, Denomination and Inequality, (Beverly Hills, CA: Sage, 1976), 53.

und Gefährlichem: Das sind die verheerenden Folgen der Gewalt, die das amerikanische Leben gegen Ende des 20. Jh. prägen. Wer etwas über den amerikanischen Katholizismus erfahren will, sollte sich nicht nur mit John Courtney Murray und John Fitzgerald Kennedy, sondern auch mit Andy Warhol, Madonna, Lee Iacocca, Jerry Brown, Francis Ford Coppola, Phil Donahue, Bruce Springsteen, George Meany und den Berrigan Brüdern als wichtige amerikanische Katholiken befassen.

Ein weiterer wichtiger Aspekt im Rahmen der sozialen Aufstiegsbewegung der amerikanischen Katholiken war der relative Verfall der Arbeiterbewegung innerhalb der katholischen Kirche sowie auch in der amerikanischen Gesellschaft insgesamt. Seit mehreren Generationen haben die irischen und italienischen Lastwagenfahrer, die polnischen Arbeiter in der Stahl- und Automobilindustrie, und ihre katholischen Kollegen die amerikanische Arbeiterbewegung mit Muskelkraft und Führungsqualitäten gestärkt. Arbeiterpriester und wohlwollend gesinnte Bischöfe hatten geholfen, die Arbeiterbewegung von sozialistischen und kommunistischen Einflüssen fernzuhalten. Sie haben ihr in schweren Zeiten gegen Firmenleitungen und eine konservative Welt regionaler Eliten im Geschäftsleben und in der Rechtsprechung beigestanden. 1980 war die Verbundenheit zwischen der Kirche und den Arbeitnehmern nicht mehr so eng, wie sie gewesen war, obgleich es keinen öffentlichen Bruch gegeben hatte. Zum Teil ist das darauf zurückzuführen, daß sich die katholische Gemeinschaft von ihrer angestammten Heimat in der demokratischen Partei fortbewegte. Das begann bei der Wahl Eisenhowers in den 50er Jahren augenscheinlich zu werden, als Katholiken, die von den großen Städten im Nordosten in die Vorstädte gezogen waren, im beträchtlichen Maß begannen, für republikanische Kandidaten zu stimmen. Die Wahl John F. Kennedys im Jahr 1960 und das Goldwater Debakel von 1964 kehrten diesen Trend nur vorübergehend um. Anders als die Juden, die der demokratischen Partei treublieben, wählten die Katholiken eher in Übereinstimmung mit ihrem neuen wirtschaftlichen und gesellschaftlichen Status.

Der Trend der Katholiken weg von der demokratischen Partei wurde durch drei wichtige aber speziellere Faktoren verstärkt:

1. Die demokratische Partei wurde zentraler Ort für einen Großteil, wenn auch nicht aller entschiedenen Protestpolitik gegen den Vietnam-Krieg und gegen die umfassende antikommunistische Richtung, die die amerikanische Außenpolitik seit 1945 nahm. Diese Protestpolitik, die sich in McGovernite-Flügel der demokratischen Partei sammelte, war für viele innerhalb und außerhalb der Arbeiterbewegung unannehmbar, wenn sie den internationalen Kommunismus mit tiefer Ablehnung und Mißtrauen betrachteten und eine starke eingefleischte Abneigung gegenüber dem Stil und den politischen Einstellungen der meisten Radikalen in ihrem eigenen Land hatten.

2. Als die großen Städte im Nord-Osten die ländlichen Gegenden im Süden als Hauptaustragungsort rassistisch bedingter Spannungen ablösten, führten die Konflikte zwischen Industriearbeitern und Schwarzen, die seit Franklin Roosevelts eine Schlüsselrolle in der demokratischen Koalition innehatten, und die einen größeren Anteil am politischen Leben in den größeren Städten forderten, zu schweren Konflikten in der demokratischen Partei auf der Ebene von Ortsgruppen. Das führte zum Austritt vieler katholischer Volksgruppen aus der Partei.

3. Ein Faktor von besonderer Relevanz nicht nur für die Katholiken, sondern auch für viele Baptisten und konservative Protestanten war die Tatsache, daß die demokratische Partei für eine liberale Abtreibungsregelung eintrat. Die Tatsache, daß die Entscheidung „Wade gegen Roe" von 1973, durch die die USA aufgrund eines Beschlusses des Obersten Gerichtshofes über eine sehr liberale Regelung verfügen, von einer liberalen Mehrheit beschlossen wurde, die Tatsache, daß das Parteiprogramm der Demokraten eine Positionen für Abtreibung einnahm, die Tatsache, daß sich republikanische Präsidentschaftskandidaten „pro-life" und gegen Abtreibung aussprachen, und nicht zuletzt die Tatsache, daß viele prominente Demokraten öffentliche Position eingenommen haben, die unvereinbar waren mit der energischen Haltung der Kirche in der Öffentlichkeit gegen Abtreibung, haben dazu geführt, daß das Verhältnis zwischen katholischer Kirche und der demokratischen Partei nicht länger so ungetrübt ist, wie es vielen im städtischen Nord-Osten in der Phase zwischen 1920 und 1970 erschien.

Die Kirche sieht diese Ursachen in einem unterschiedlichen Licht. Zunächst einmal gilt, daß ihre Verbindungen mit einer politischen Partei und ihrer Führung in einer pluralistischen Gesellschaft im Vergleich mit ihrem moralischen Zeugnis von untergeordneter Bedeutung sind. Weiterhin kann sie die Anpassung der Katholiken in einer Gesellschaft nicht mit Gleichmut betrachten, die sich zwar nicht länger bewußt abweisend gegenüber ihnen verhält, aber die Werte beinhaltet, die nicht ohne weiteres mit der katholischen Moral- und Soziallehre in Einklang zu bringen sind; eine Gesellschaft die nicht selten Sehnsüchte und Träume zu bestärken scheint, die verzerrt und unmenschlich sind und die systematisch ihren Blick von schweren moralischen Mißständen wie Abtreibung, einer hohen Rate von Kriminalität und Gewalt und wachsender Obdachlosigkeit abwendet. Die Führung der gegenwärtigen katholischen Kirche Amerikas fühlt sich selbst nicht so ganz wohl dabei, sich gerade den Konservativen, religiöser und nichtreligiöser Prägung anzuschließen, die eine unerschütterliche Verurteilung von Abtreibung mit einer Begeisterung für die Todesstrafe, einer unkritischen Unterstützung großer militärischer Unternehmungen, und einer uneingeschränkten Ablehnung des Wohlfahrtsstaates verbindet, gleichzeitig aber einem krassen Individualismus anhängt. Kardinal Bernadin, Erzbischof von Chicago seit 1980 und Vorsitzender des Ausschusses, der *The Challenge of Peace* (1983) entwarf, hatte besonderen Einfluß auf die Darstellung der kirchlichen Lehre über eine ganze Reihe von Fragen, die sowohl den Schutz ungeborenen Lebens als auch die Bewahrung menschlichen Wohlergehens im Sinne eines „Nahtlosen Gewandes" betrafen.[16] In seiner Stellungnahme ist die Ablehnung von Abtreibung eng verbunden mit der Ablehnung der Todesstrafe, mit der Bekräftigung wirtschaftlicher und sozialer Rechte für die Armen und Bedürftigen, mit einer zurückhaltenden Akzeptanz nuklearer Abschreckung und einer äußerst kritischen Haltung gegenüber militärischem Unterfangen und dem Einsatz militärischer Gewalt. Die Position widersetzt sich der parteigängerischen Spaltung, wie sie in der gegenwärtigen US-Politik üblich ist, und versieht den Themenkatalog der amerikanischen Katholiken mit einem unverkennbaren Profil. Eine solch differenzierte Position zu lehren und anzunehmen, versetzt nahezu alle Katholiken in Opposition zu

---

[16] Joseph Cardinal Bernardin, „Call for a Consistent Ethic of Life", Origins 13 (Dec 29, 1983), 491–494.

wichtigen Strömungen in ihrer Kultur unabhängig davon, ob sie der politisch Rechten oder Linken zuzuordnen sind. Wegen ihrer Stellungnahme zu der Abtreibungsfrage kann es hier aber nicht gelingen, die Kluft, die sich in den letzten 20 Jahren zwischen der römisch-katholischen Kirche auf der einen Seite und den großen protestantischen Kirchen und den Frauenrechtlerinnen auf der anderen Seite aufgetan hat, zu überbrücken.

IV. Der Hintergrund der Pastoral-Briefe

Dieser Kontext sollte uns in die Lage versetzen, die Hauptargumente und Vorschläge in dem Hirtenbrief *Economic Justice for All* zu verstehen. Die Bischöfe nahmen ihn 1986 nach dreijähriger Beratung und einem ausführlichen Prozeß der Überarbeitung an. Dieser Prozeß, der seinen Vorläufer in der Vorbereitung von *The Challenge of Peace* hatte, ist der angemessene Ausdruck einer Kirche, die im Milieu der ersten Verfassungszusätze volle Selbständigkeit errang. Aufgrund seiner Offenheit und dem Respekt, den er weltlichem Fachwissen zollte, stellt er einen neuen Stil in der Lehre der Kirche dar. Die Kirchenführer erkannten wirkungsvoll an, daß sie nicht nur Lehrende, sondern ebenso auch Lernende zu sein hätten. Ohne eine Sicherheit dafür zu besitzen, handelten sie in der vernünftigen Erwartung, daß ihre Schlußfolgerungen an Glaubwürdigkeit und Überzeugungskraft gewännen, wenn sie sich als Ergebnis eines dialogischen Prozesses, in dem Irrtümer und Unzulänglichkeiten erkannt und behoben werden konnten, darstellten. Beide Pastoralbriefe wurden in der Absicht geschrieben „Mitgliedern unserer Kirche Führung anzubieten", aber auch um „einen Beitrag zur öffentlichen Debatte zu liefern", und zwar auf eine Weise, die Amerikas pluralistische Gesellschaft dazu verhelfen sollte, „eine erneuerte moralische Vision mit gesellschaftlicher Geltung zu erlangen"[17]. Zu ihren größten Verdiensten zählt, daß es mit ihnen gelang, Antworten auf beunruhigende Fragen der Gegenwart auf solch eine Weise zu formulieren, daß die führenden amerikanischen Köpfe in der Politik und in der öffentlichen Meinungsbildung zu erkennen begangen, welchen Beitrag die katholische Soziallehre zum gesellschaftlichen Dialog leisten kann. Auf diese Weise setzen sie die Arbeit fort, die schon von *Gaudium et spes* und den bedeutenden Sozialenzykliken Johannes XXIII. begonnen wurde, die darauf abgezielt hatten, eine breitere pluralistische Öffentlichkeit anzusprechen.

Diese Dokumente, allen voran *Pacem in terris* (1963) mit seiner umfassenden Sicht der Menschenrechte, rechtfertigte die Verwendung eines größtenteils säkularen Stils bei der Formulierung der moralischen Forderungen an unser Leben. Im Zusammenhang mit dem Dokument des Zweiten Vatikanums über die Religionsfreiheit, *Dignitatis Humanae*, bereiteten sie die systematische Fundierung und die methodische und sprachliche Flexibilität vor, die Voraus-

---

[17] National Conference of Catholic Bishops, Economic Justice for All: Pastoral Letter on Catholic Social Teaching and the U.S. Economy (Washington, D. C.: U.S. Catholic Conference, 1986), Nr. 27. (Deutsch: Bischofskonferenz der Vereinigten Staaten von Amerika, Wirtschaftliche Gerechtigkeit für alle: Die Katholische Soziallehre und die amerikanische Wirtschaft, Stimmen der Weltkirche Nr. 26, hg. v. Sekretariat der Deutschen Bischofskonferenz Bonn.)

setzung, für das Aufblühen des sozialen Denkens in der katholischen Kirche war, wie es in den beiden Pastoralbriefen zum Ausdruck kam.

Ein gutes Beispiel für schöpferisches bischöfliches Lehren, das sich an die in den Ortskirchen gegebenen Wirklichkeiten richtet, hatte es schon mit CELAM der Konferenz lateinamerikanischer Bischöfe, die 1968 in Medellín in Kolumbien zusammenkamen, gegeben. Ein gewaltiger Anteil aus der Führung der Kirche, zu denen sowohl Geweihte als auch Laien gehörten, hatte 1976 den ehrgeizigen, man muß wohl sagen „zu ehrgeizigen", Versuch unternommen, beim „Call to Action"-Treffen in Detroit ein Programm für die Kirche der USA zu verabschieden.[18] Eine Annahme dieses Programms hätte die Hierarchie der amerikanischen Kirche in einen scharfen Konflikt mit Rom versetzt, weshalb die Vorschläge des „Call to Action" nicht ausgeführt wurden. Aber das Treffen gab Aufschluß über die sozialen Sorgen engagierter Katholiken, über das Erscheinen von neuen Möglichkeiten, die Katholische Soziallehre zu formulieren, und über seine Forderungen in einer offenen demokratischen Gesellschaft selbst.

Als es sich die Bischofskonferenz im Jahr 1980 zum Ziel setzte, die beiden wichtigen Pastoralbriefe zu entwickeln, waren die Erwartungen begrenzter. Und obgleich der Entwicklungsprozeß so offen war wie noch nie, wurde er doch von den Bischöfen bestimmt. Der November 1980 war der Monat, in dem Ronald Reagan Jimmy Carters Versuch einer Wiederwahl vereitelte. Es begann eine Dekade, in der die Regierung der USA versuchen wollte, wirtschaftlichen Wachstum, erhöhte Verteidigungsausgaben, Deregulierung des Wirtschaftslebens, reduzierte Ausgaben sozialer Programme und eine größere internationale Präsenz als Ziele miteinander zu verbinden. Sie sollte nahezu alle dieser wesentlichen Zwischenziele erreichen und am Ende mit zwei bemerkenswerten Ergebnissen konfrontiert werden: Ein ungeheurer Schuldenzuwachs des Bundes und ein freundschaftlicheres Verhältnis mit der Sowjetunion. Diese Ergebnisse waren aus der Sicht der konservativen Republikaner überraschend, wenn nicht sogar schockierend. Sie beruhten aber natürlich auf Voraussetzungen, auf die die Amerikaner nur einen begrenzten Einfluß nehmen konnten. Dazu zählt vor allem die bemerkenswerte Umwandlung der UdSSR und die Auflösung ihres Imperiums in Osteuropa.

V. Die Pastoralbriefe der 80er Jahre

1. Eine Sicht, die Pastoralbriefe zu lesen, besteht darin, sie als Antwort der katholischen Kirche, genauer gesagt ihrer Hierarchie, auf das Programm Reagans zu verstehen. Das größte Verdienst der Bischöfe aus dieser Sicht besteht darin, daß sie eine Position umreißen, die sie in die Lage versetzte, eine unabhängige moralische Kritik an einer beliebten und engagierten Administration zu üben, ohne als Parteigänger oder Vertreter unglaubwürdiger Positionen des linken Flügels der demokratischen Partei verdächtigt zu werden, die für die Mehrheit der amerikanischen Wählerschaft einfach unannehmbar waren. Auch wenn sie von einigen Konservativen daraufhin ziemlich vehement angegriffen wurden, waren sie damit, wie ich meine, recht erfolgreich. Einer der Gründe dafür war, daß die unbeirrbare Lehre der

---

[18] Die Vorschläge der „Call to Action" Konferenz kann gefunden werden in: Origins 6 (November 4, 1976 und November 11, 1976), 309–340.

Bischöfe über Abtreibung und ihr oft umstrittener Umgang mit Politikern, die in die Abtreibungsdebatte verwickelt waren, eine schlichte Reduzierung ihrer Position auf die Linie der demokratischen Partei wenig einleuchtend machte.

Aber es gab, wie ich meine, drei tiefergehende Gründe für den Erfolg. Zunächst war da die verbreitete Sorge unter Amerikanern aus allen politischen Lagern über zwei Probleme: a) Der Abbruch der Verhandlungen über die Begrenzung strategischer Waffen nach dem Einmarsch sowjetischer Truppen in Afghanistan im Dezember 1979 und die darauf folgende Ablehnung des US-Senats, das SALT-II-Abkommen zu ratifizieren. b) Das ständige Anwachsen von Armut, Drogenabhängigkeit, Gewaltverbrechen und Verfall an Nachbarschaftlichkeit in unseren großen städtischen Zentren. Diese wachsenden Probleme schienen weder durch die „Great Society" Programme von der Art, wie sie lange von den liberalen Demokraten vertreten worden waren, noch durch die „wohlmeinende Vernachlässigung", wie sie von der Nixon-Administration gepflegt wurde, in den Griff bekommen zu sein. Es war auch unverkennbar, daß sich die Situation der Armen infolge der Inflation in der zweiten Hälfte der Carter-Administration erheblich verschlechtert hatte und daß sie weiterhin von den Haushaltskürzungen, die von der Regierung Reagans verordnet war, bedroht wurde. Kaum ein Amerikaner konnte diesen unheilvollen und bedrückenden Problemen moralische Bedeutung absprechen.

2. Der zweite tiefere Grund bestand darin, daß die Bischöfe zutiefst von der Rechtmäßigkeit, in dem was sie taten, als sie die Hirtenbriefe vorbereiteten, überzeugt waren. Sie betrachteten es nicht als eine noch nie dagewesene Einmischung in politische Angelegenheiten, sondern als eine schöpferische Anwendung der Soziallehre der weltumspannenden Kirche auf die Bedürfnisse und die besondere Situation eines Landes, das den Status einer Supermacht mit anhaltender Armut verband. Sie sahen ihr Anliegen auch als Fortsetzung der Lehre und Praxis des Zweiten Vatikanums, das so viel dazu beigetragen hatte, das Lehramt der Kirche zu stärken; sie wollten aber auch ein Modell für den Dialog zwischen Kirche und Staat anbieten. Das Bewußtsein ihrer Legitimität und Tradition vermittelte den Bischöfen das Grundvertrauen in ihr Unterfangen: Ein Vertrauen, das noch wuchs, als es größtenteils auf wohlwollende Beachtung selbst von so säkularen Hochburgen wie der Harvard University und der *New York Times* stieß. Der dritte tiefere Grund, warum die Hirtenbriefe nicht einfach nur für einfältiges Parteiengängertum gehalten wurden, ist, daß sie versuchten, die bedrückenden Probleme, von denen ich weiter oben sprach, zu lösen, indem sie sich auf moralische Überzeugungen beriefen, die für Amerikaner unterschiedlichster religiöser und politischer Auffassungen zustimmungswürdig waren. Im Falle von *The Challenge of Peace* stützten sie sich auf die Lehre vom gerechten Krieg, die in amerikanischen Veröffentlichungen über Ethik und Politik eine bemerkenswerte Erneuerung erfahren hat und die weitgehend, wenn auch nicht immer auf einsichtige Weise, in der militärischen Ausbildung und Praxis Anwendung findet.[19]

---

[19] Besonderen Einfluß haben die Werke von Michael Walzer, Just and Unjust wars (New York: Basic, 1977); James T. Johnson, Just War Tradition and the Restraint of War (Princeton, N. J.: Princeton University Press, 1981); und William V. O'Brien, The Conduct of Just Limited War (New York: Praeger, 1981). Interessant ist, daß diese Gelehrten ein jüdischer Theoretiker der Politik, ein protestantischer Ethiker und ein katholischer Experte des internationalen Rechts sind.

Im Falle von *Economic Justice for All* bestanden die Kerngedanken in der Bekräftigung der wirtschaftlichen und sozialen Rechte sowie einer Option für die Armen. Dies ist ein Anspruch, der verteidigt werden muß, da beide Vorstellungen höchst umstritten sind. Als Erwiderung möchte ich auf die große, ja übertriebene Bedeutung hinweisen, die die öffentliche Debatte in Amerika auf den Begriff der Rechte legt, obgleich es erhebliche Unterschiede über die Reichweite und die angemessene Auslegung dieses Begriffs gibt. Die Option für die Armen mag oft als verworren oder marxistisch hingestellt werden, tatsächlich spricht sie aber einen ausgeprägten Sinn im amerikanischen Charakter für Menschenfreundlichkeit und Mitgefühl an (übrigens handelt es sich dabei um ein Gefühl, das häufig bei denen stark ausgeprägt ist, die den Begriff von wirtschaftlichen Rechten ablehnen). Sie entspricht auch teilweise dem Unterschiedsprinzip in John Rawls höchst einflußreichem Buch *A Theory of Justice*, nach dem gesellschaftliche Ungleichheiten durch den Beitrag gerechtfertigt werden müssen, den sie zum Wohlergehen derer, die am schlechtesten gestellt sind, leisten.[20] Was ich sagen möchte, ist nicht, daß die Position der Bischöfe allgemeines Lob und Anerkennung auf sich zog, sondern daß sie wenigstens verständlich für die war, die sie ablehnten, und daß man es überhaupt als lohnenswert erachtete, sie ernsthafter Kritik zu unterziehen.

Ein weiterer Faktor, der der Kritik an den Pastoralbriefen die Spitze nahm und die internen Auseinandersetzungen innerhalb der Kirche in vernünftigen Grenzen hielt, war die ausdrückliche Bestätigung, daß die politischen Empfehlungen, die in den Briefen gegeben wurden, Ergebnisse einer differenzierten Auseinandersetzung waren, die bedeutende nicht-religiöse Elemente enthielten und daß sie durch keine religiöse Autorität auferlegt werden können. Auf diese Weise bekräftigten die Bischöfe das Recht der Katholiken, von den politischen Schlußfolgerungen abzuweichen.[21] Gleichzeitig vermieden sie es, den Eindruck zu erwecken, ein Heer von katholischen Wählern und Politikern in eine bestimmte Richtung zu kommandieren, was sich als äußerst bedeutsam für die Kirche Amerikas und die noch größere politische Gemeinschaft hätte erweisen können.

Es ist hier nicht der Raum im Detail den Inhalt der beiden Briefe zu analysieren. Vielmehr ist auf einige Merkmale der Briefe hinzuweisen, die von besonderem Interesse sind. Es sollte beachtet werden, daß sie damit beginnen, die ethischen Probleme in einen theologischen Rahmen zu setzen, der Schriftauslegung und anthropologische Überlegungen umfaßt. Damit setzen sie sich unmittelbar von früheren Darlegungen katholischer Soziallehre ab, die auf einer Naturrechtsbasis argumentierten und die so verfaßt waren, daß man jeden ausdrücklichen Bezug auf theologische Voraussetzungen vermied. In den

---

[20] Vgl. John Rawls, A Theory of Justice (Cambridge, MA: Harvard University Press, 1971), S. 75–83. (Deutsch: John Rawls, Theorie der Gerechtigkeit, Frankfurt a. M. 1975.)

[21] National Konferenz der Katholischen Bischöfe, The Challenge of Peace (Washington, D. C.: U.S. Catholic Conference, 1983), Nr. 10. (Deutsch: Pastoralbrief der Katholischen Bischofskonferenz der USA über Krieg und Frieden: Die Herausforderung des Friedens – Gottes Verheißung und unsere Antwort, in: Bischöfe zum Frieden, Stimmen der Weltkirche Nr. 19, hg. vom Sekretariat der Deutschen Bischofskonferenz, Bonn, S. 5–129.)

einleitenden Abschnitten beider Briefe beziehen die Bischöfe im Grunde genommen eine religiöse Position in einer Welt, die die Anwendbarkeit von religiösen und ethischen Normen auf solch komplexe säkulare Erscheinungen wie ein Verteidigungsapparat und eine Wirtschaft bezweifeln; gleichzeitig legen sie sich aber auf einen Ansatz fest, der eine direkte und wörtliche Anwendung religiöser Normen auf diese Erscheinung vermeidet. Während die biblischen Materialien also ernstgenommen werden, wird es abgelehnt, den Pazifismus oder einen urkirchlichen Kommunismus gutzuheißen, von dem viele meinten, er folge aus dem Versuch, sein Leben auf der Lehre und dem Vorbild Christi sowie der frühen christlichen Gemeinden zu gestalten. Die Bischöfe mußten deshalb ein dialektisches Element in ihre Soziallehre einbringen, das am deutlichsten in Erscheinung tritt in der Verwendung des Unterschieds zwischen dem „schon" und dem „noch nicht", bei ihrer Interpretation menschlicher Existenz vor der Ankunft des Reiches Gottes in seiner Fülle.[22] So wird uns gesagt, daß „in unserer Geschichte Bemühungen um Frieden und Gerechtigkeit bisweilen in eine Spannung geraten, und daß der Kampf gegen Ungerechtigkeit gewisse Formen des Friedens gefährden kann".[23] Wir betrachten den erforschenden Gebrauch der Schrift und die Anwendung eines dialektischen Elements wahrscheinlich als positive Beiträge zur Entwicklung der Katholischen Soziallehre. Aber sie erfordern ein gebildeteres Publikum und eine flexiblere Art des Lehrens, da die Aufgabe moralischer Erziehung nicht darin gesehen wird, aufmerksame Befolgung einer eindeutigen und fordernden Regel zu sichern, sondern als die Wahrnehmung einer Reihe von Institutionen, Richtlinien und Handlungen, die einen Katalog von Werten auf bestmögliche Weise verwirklichen sollen.

Ein zweiter Punkt, der für beide Briefe gilt, ist ihr begrenzter Schwerpunkt. Obgleich beide wichtige und umstrittene Fragen behandeln, denen im kulturellen und politischen Leben Amerikas zentrale Bedeutung zukommt, zielen sie nicht darauf ab, diese Probleme in einem großen Rahmen zu verhandeln. Auf der negativen Seite bedeutet das, daß sie theoretisch unvollständig sind, auf der positiven Seite, daß sie keine umfassende Übereinstimmung in theologischen Fragen voraussetzen. Um zu veranschaulichen, was ich mit Unvollständigkeit meine, denken Sie an den Mangel des Briefs über die US-Wirtschaft, in umfassender Weise auf Probleme wie das Staats- und Handelsdefizit einzugehen: Dabei handelt es sich gerade um die Faktoren, die die Wettbewerbsfähigkeit der USA in der Weltwirtschaft beeinträchtigen. Es sind aus wirtschaftlicher Sicht wichtige Themen, die bedeutende moralische Elemente enthalten. Aber die Bischöfe der USA entschieden sich für eine andere Auswahl von Fragen, die es zu untersuchen galt: Arbeitslosigkeit, Armut, Nahrungsmittelversorgung und Landwirtschaft, und die Verantwortung der US-Wirtschaft für Entwicklungsländer. Das ist natürlich ein berechtigter und dringender Katalog von erwägenswerten Problemen. Was aber jeder zugeben muß, ist, daß der Ansatz der Briefe eher selektiv als umfassend ist. In gleicher Weise sollte man zur Kenntnis nehmen, daß die Behandlung militärischer Optionen und der Sicherheitspolitik in *The Challenge of Peace* ausschließlich auf die Sicht Amerikas beschränkt ist. Das gibt zum Teil das vorherrschende Schema in der Literatur

---

[22] Ebd. Nr. 62.
[23] Ebd. Nr. 60.

über Strategie wider, aber es reflektiert auch den Auftrag der Bischöfe der USA zu den Katholiken Amerikas und für sie zu sprechen, und nicht für die gesamte Kirche.

3. Beide Briefe sind hinsichtlich ihrer theologischen Methode konservativ. Das Zögern der US-Bischöfe, teleologische Rechtfertigungen für umstrittene Praktiken oder Entscheidungen anzuwenden, die überlieferte moralische Norm zu verletzen schienen, verzerrte und schwächte ihre Akzeptanz nuklearer Abschreckung zu dem sie sich letztlich durchrangen, mehr als es vielen ihrer Kritikern lieb war. Finnis, Grisez und Boyle haben lang und breit dargelegt, daß die Schlußposition unstimmig ist.[24] George Weigel ist der Überzeugung, daß sie an eine grundsätzliche Befürwortung demokratischer Werte nicht heranreicht.[25] Keinem sollte entgehen, daß der entscheidende letzte Schritt in der Argumentationskette, die vorübergehende und bedingte Akzeptanz nuklearer Abschreckung auf der ausdrücklichen Anerkennung päpstlicher Autorität beruht.[26] Wie ich bereits an anderer Stelle dargelegt habe, strukturiert *The Challenge of Peace* das Problem derart, daß eine konservative Methode in der Moraltheologie zu radikaleren moralischen Schlußfolgerungen gelangt.

4. Beide Briefe nahmen einen Standpunkt zu Streitfragen ein, der in bewußter Opposition zu den Grundentscheidungen und Werten stand, die für die Reagan-Administration galten. Sie schlugen politische Entscheidungen vor, die eher mit der demokratischen Partei geistesverwandt waren. Keiner nahm eine radikale Position ein, die außerhalb des breiten Spektrums politischer Positionen gelegen hätte, die das amerikanische Zwei-Parteien-System bietet. Ihr Aufruf zu unabhängigen Initiativen für eine Reduzierung des nuklearen Waffenpotentials ist jedoch von den Ereignissen überholt worden. Dazu zählt auch die Bereitschaft der Sowjets und Amerikaner, sich auf ein niedrigeres Niveau nuklearer Bewaffnung zuzubewegen. Obgleich dieser Wandel natürlich bedeutsam ist, löst er die grundlegenden moralischen Probleme der Abschreckung und die politischen Fragen nach dem Entwurf eines geeigneten Mechanismus zur Kontrolle von Massenvernichtungswaffen keineswegs.

Im Juni 1988 gab die Bischofskonferenz einen Bericht zu *The Challenge of Peace* und der politischen Entwicklung von 1983–1988 heraus. Die Bischöfe begrüßten in diesem Bericht den jüngsten Fortschritt bei den Abrüstungsverhandlungen zwischen der UdSSR und den USA. Sie lehnten SDI ab, das als ein Weg dargestellt worden war, das moralische Problem der Abschreckung zu umgehen. Sie schritten auch weiter auf dem Weg, nukleare Abschreckung weder unmittelbar zu verurteilen, noch es durchgängig gutzuheißen. Bemerkenswerterweise erregte der Bericht in den Medien und in der Kirche nur ganz geringe Beachtung, obgleich er recht sorgfältig aufgebaut ist und aus meiner Sicht die Grenzen dessen erreicht, was einer moralischen Analyse bei einer genauen Untersuchung von politischen Entscheidungen möglich ist.

Bezüglich der Wirtschaft sehen wir, daß uns die Probleme, die in dem Pastoralbrief angesprochen werden, erhalten bleiben. Neben den Problemen

---

[24] John Finnis, Joseph Boyle, and Germain Grisez, Nuclear Deterrence, Morality and Realism (Oxford: Clarendon Press, 1987), 172–174.

[25] Vgl. George Weigel, Tranquillitas Ordinis (New York: Oxford University Press, 1987), 282–283.

[26] The Challenge of Peace, 175.

der Schuldenreduzierung, der internationalen Wettbewerbsfähigkeit und der Stabilisierung amerikanischer Geldinstitute kommt ihnen nur eine untergeordnete Rolle zu. Man muß bedenken, daß *Economic Justice for All* in der Phase entwickelt wurde, bevor die Folgen der Deregulierungsphilosophie, wie sie von Reagans Administration befolgt wurde, sichtbar wurden und noch vor der Welle von Fusionen und Übernahmen. Es gibt keine Anzeichen dafür, sich aus der Sackgasse herauszubewegen, in die sich die amerikanische Politik hinsichtlich der Frage gebracht hat, ob es die Probleme der Minderheiten in den großen städtischen Zentren wert sind, daß man sich ihrer annimmt. Programme dafür, die Not der Armen und Obdachlosen zu lindern und die Städte zu einer sicheren Umgebung für menschliches Wohlergehen zu machen, werden regelmäßig als ideologisch unannehmbar oder als zu aufwendig für ein Land, das mit schweren Schulden belastet ist, abgetan. Nähmen die Bischöfe fünf Jahre nach seiner ersten Veröffentlichung eine Überarbeitung von *Economic Justic for All* vor, dann könnten sie mit einem systematischen Mißstand besonders bei den Finanzdienstleistungen zu Recht viel kritischer sein. Gleiches gilt auch für die hartnäckige Weigerung der amerikanischen Öffentlichkeit und ihrer führenden Köpfe, wirtschaftliche Maßnahmen zu ergreifen, die geeignet sind, das Bundesdefizit zu verringern, den Konsum einzuschränken und Investitionen anzuregen. Verglichen mit dem Standard Europas und der industrialisierten Welt insgesamt, ist das Flickwerk von Wohlfahrtsprogrammen, Krankenversicherungen und sozialer Versicherungen, das den amerikanischen Wohlfahrtsstaat konstituiert, weder großzügig noch wirksam. Rufe nach einer Verbesserung und Erweiterung lassen die Bischöfe nur dann radikal erscheinen, wenn sie in der extrem konservativen Umgebung von Ronald Reagans Amerika gehört werden. Die von den Bischöfen in *Economic Justic for All* eingenommenen Standpunkte stellen eine sehr viel weniger radikale Kritik der amerikanischen Konsumgesellschaft dar als die Lehre von *Sollicitudo rei socialis*.

Zusammen bilden *The Challenge of Peace* und *Economic Justic for All* eine bedeutende Entwicklung in der religiösen Geschichte Amerikas. Während sie nicht ganz ohne wichtige Vorläufer sind – hier wäre vor allem das Programm für soziale Erneuerung von 1919 zu nennen – stellen sie einen ernstzunehmenden Versuch dar, die katholische Soziallehre als ein wichtiges Korrektiv für die Richtung der amerikanischen Politik gegen Ende des 20. Jh. zu präsentieren. Sie bieten eine interessante Alternative zu einem liberalen Individualismus und zu den Formen des Konservativismus an, die die Idee einer zwischenmenschlichen und christlichen Verpflichtung zurückweisen, die Lebensbedingungen derer, denen es am schlechtesten geht, vor allem in den Entwicklungsländern, zu verbessern (oder sie wenigstens dazu zu befähigen, sich selbst zu helfen). Mit ihrer Position in der öffentlichen Debatte hat sich die katholische Kirche gegen diejenigen behauptet, die ihr die Kompetenz absprachen, zu öffentlichen Streitfragen in einer demokratischen Gesellschaft zu sprechen. Das ist auf eine Weise geschehen, die auch ihre Fähigkeit bestätigt, über amerikanische Angelegenheiten so zu sprechen, daß es im Einklang mit Rom und mit der universalen Lehre steht, ohne jedoch von einer übergeordneten Autorität in der Kirche formuliert oder aufgezwungen zu sein. Die Vorbereitung und Herausgabe der Pastoralbriefe bedeuten ein Mündigwerden der katholischen Kirche Amerikas sowohl in bezug auf die römische Autorität und europäische

Theologie als auch in bezug auf die vorherrschenden Strömungen in der säkularen und religiösen Ideologie Amerikas.

Die protestantischen Kirchen haben der Entwicklung und den Schlußfolgerungen der Pastoralbriefe ihre Unterstützung im allgemeinen nicht versagt. Sie führte gelegentlich zu Bemühungen, ähnliche Prozesse und vergleichbare Dokumente herauszubringen. Dazu zählt besonders die Stellungnahme der methodistischen Bischöfe zu Frieden und nuklearer Bewaffnung von 1987. Viele Protestanten waren überrascht von dem Kontrast einerseits zwischen der weitgehenden Mißachtung der Position zu sozialen Fragen wie sie von den bedeutenderen Kirchen, den nationalen und den Weltrat der Kirchen vertreten wurden, und der lebhaften kritischen Diskussion andererseits, die von den katholischen Dokumenten hervorgerufen wurden. Die Pastoralbriefe erschienen zu einer Zeit, als die Hauptkirchen weitgehend als in sich gekehrte Vertreter einer veralteten Staatsideologie, eines Quasisozialismus und Pazifismus galten und als das säkulare Amerika das erstarkte Religionsrecht mit Geringschätzung, Bedenken, ja sogar Verachtung betrachtete. Ich möchte behaupten, daß die katholische Kirche in dieser Phase in einem gewissen Sinn die Aufgaben einer Staatskirche übernommen hat, als ein der Kultur am nächsten stehender Übersetzer ethischer und sozialer Forderungen des Christentums an unser Zeitalter und unsere Gesellschaft. Das hätte auf die meisten Beobachter der katholischen Kirche in den beiden letzten Jahrhunderten den Eindruck einer überraschenden Entwicklung gemacht. Sie wäre nicht möglich gewesen, erstens ohne die beispielhafte Rolle der Sozialenzykliken von *Rerum Novarum*, und zweitens, ohne den enormen Einsatz und die Opferbereitschaft derer, die die institutionelle Kirche und das Netz der katholischen Erziehungseinrichtungen errichtet haben, drittens, ohne den Mut der amerikanischen Bischöfe, die bereit waren, öffentlich Zeugnis abzugeben für unpopuläre, aber dennoch wichtige Werte und viertens, ohne die umsichtige und erfahrene Arbeit der leitenden Mitglieder der Bischofskonferenz und ihrer Mitarbeiter.

Gleichzeitig wirft die Durchführung der Briefe selbst Fragen auf, die nicht einfach zu beantworten sind, versucht man einmal einen Blick in die Zukunft der Kirche und Gesellschaft, und zwar nicht nur in amerikanischen Grenzen, zu werfen.

Erstens, können die Bischöfe eine politische Position aufrechterhalten, die in den großen Fragen von Wirtschaft und nationaler Sicherheit als gemäßigt links, bei den intimeren und persönlicheren Fragen der Familienplanung und Abtreibung aber als ziemlich konservativ gilt? Auf einer Ebene handelt es sich um eine Frage intellektueller und einstellungsmäßiger Gradlinigkeit; auf einer anderen Ebene geht es aber darum, politische Koalitionen einzugehen, die z. B. bei Auseinandersetzungen und Kandidatenernennung bedeutsam werden. Wir dürfen nicht vergessen, daß das in den USA ein äußerst fließender Prozeß ist im Vergleich mit der Bundesrepublik Deutschland und den meisten anderen westlichen Staaten. In diesem Prozeß kann die Kirche nie mehr als ein Partner sein, welche Grenzen und Enttäuschungen eine solche Rolle auch immer mit sich bringt.

Zweitens, kann die Kirche damit fortfahren, über politische und wirtschaftliche Tätigkeiten auf einer Ebene der Allgemeingültigkeit zu reflektieren, die die öffentliche Debatte einerseits auf sich zieht, andererseits aber vermeidet, einer Parteigängerschaft oder übertriebenen Abhängigkeit von Analysen überführt zu werden, die wichtige Elemente wie ideologischer Blindheit oder Voreingenommenheit beinhalten können?

Drittens, kann die amerikanische Kirche Übereinstimmung zwischen zwei Prozessen, die der Artikulation und Präsentation katholischer Lehre auf dem öffentlichen Forum dienen, wahren? Der eine dialogisch, beratend und behutsam, und der andere autoritär, bestimmend und endgültig?

Viertens, wird die katholische Kirche Amerikas in der Lage sein, eine Position zur Stellung der Frauen in unserer Gesellschaft zu definieren, die der Mehrheit gläubiger Frauen als angemessene Formulierung ihrer Interessen überzeugt und die auch für Rom annehmbar ist?

Fünftens, nachdem die katholische Kirche Amerikas ihre Opposition zum Individualismus erklärt und umfangreiche Elemente einer liberalen Auffassung der Menschenrechte sowie die institutionellen Rahmenbedingungen des gegenwärtigen amerikanischen Kapitalismus akzeptiert hat, wird sie in der Lage sein, eine theoretische Formulierung solcher Schlüsselbegriffe aus der katholischen Soziallehre wie „Solidarität" und „Gemeinwohl" zu finden? Formulierungen, die vor dem Hintergrund amerikanischer Kultur, Philosophie, Rechtsprechung und historischer Erfahrung verständlich sind?

Sechstens, wird die Kirche in der Lage sein, einen Weg zu finden, ihr Verständnis von Frieden und dem angemessenen Beitrag Amerikas zum Frieden und der Weltordnung zu formulieren? Das wird die Kirche über das Wettrüsten der Supermächte hinausführen, und zwar in eine genauere Untersuchung der Bedeutung von Gewalt in der amerikanischen Kultur und ihrem Mythos, sowie zu einer realistischeren Einschätzung, in angemessener Weise auf regionale Konflikte und Bürgerkriege mit internationaler Bedeutung zu antworten.

Die Reichweite und Schwierigkeit dieser Fragen ist ein indirektes Maß für den Erfolg der Hirtenbriefe aus den 80er Jahren, den Dialog zwischen der reichen und wertvollen Tradition des Katholizismus und der komplexen und innovativen amerikanischen Gesellschaft zu eröffnen und eine wertvolle, aber vorläufige Synthese zu erreichen.

HELMUT JUROS

Metaethische Reflexionen zur Entwicklung der Katholischen Soziallehre

– Ein Plädoyer für mehr metaethische Reflexion in der Theoriebildung der Katholischen Soziallehre –

I. Einleitung

„Die Uhren der Kirche gehen nach" – sagen nicht nur die Kritiker der Kirche von heute. Dieser Satz hat öfters die Runde gemacht, um auszudrücken, daß die Kirche die Zeichen der Zeit lange nicht erkannt hat. Als Paradebeispiel wird die erste Sozialenzyklika „Rerum novarum" zitiert, die das Eintreten für die soziale Reform erst über 50 Jahre (1891) nach dem „Kommunistischen Manifest" (1848) und fast 25 Jahre nach dem Erscheinen des Werkes „Das Kapital" (1867) von Karl Marx mit großer Verspätung exemplifiziert. Es ist Mode geworden, vom Versagen der Kirche im Hinblick auf die Arbeiterfrage zu sprechen: Sie sei zu spät gekommen, sie habe zu lange geschwiegen und ihr erstes Auftreten nach einem langen Abwarten für die Klärung von verschiedenen Positionen sei ein untauglicher Versuch gewesen.

Die geistesgeschichtliche Frage, ob die Kirche dem Marxismus zu spät gegenübergetreten sei, wurde und wird heute von den Ereignissen in Mittel- und Osteuropa indirekt beantwortet. In diesem Teil Europas hat dank der Kirchen, der Zusammenbruch des Marxismus als perverse Ideologie und als politische Diktatur vor unseren Augen stattgefunden. Im Erfahrungskontext der marxistischen Herrschaft formulierte der polnische Schriftsteller S. Lec den bekannten Aphorismus „Ex oriente lux, ex occidente luxus", den man auf verschiedenen Ebenen auslegen kann. Auf einer bestimmten Interpretationsebene besagt die Teilformulierung „ex occidente luxus" folgendes: Manche Geister aus dem Westen leisteten sich einst diesen Luxus, sich eine Gesellschaftstheorie auszudenken und sie danach zu einer praktischen Anwendung und für eine experimentelle Erprobung in den Osten Europas und später in die Dritte Welt als ihr Manövergelände zu exportieren.[1] Der Zynismus der westlichen Theoriekonstrukteure kostete allein in diesem Teil Europas über 70 Jahre Sklaverei und Tyrannei, Ausbeutung und Völkermord, anthropologische Wunden der Lebenden und gesellschaftliche Deformationen. Manche von diesen Folgen sind irreversibel bzw. irreparabel.

Das Verbrechen der marxistischen Machthaber hat seine geistigen Urheber und Verführer: Marx, Engels u. a. Die Namensliste der Verantwortlichen für die Verwüstung der Seelen eines „homo sovieticus" und nicht zuletzt die

---

[1] Das wurde in der Münsteraner Erklärung des Bundes Katholischer Unternehmer (Nr. 12) betont. Vgl. Soziale Marktwirtschaft statt sozialistischer Illusionen, BKU-Rundbrief 6/1990, 3.

Ruinierung des gesellschaftlichen Lebens und der Volkswirtschaft in vielen Ländern wird fortgesetzt von Intellektuellen, Philosophen und Wissenschaftlern, die diesem arroganten Experiment in unterschiedlicher Schattierung, vom Stalinismus bis zur Praxis einer „Kirche im Sozialismus", in der jüngsten Vergangenheit zustimmten und ihm gegenwärtig immer noch ihre Sympathie zeigen.

„Ex oriente lux" heißt hier, die Herausforderungen der geistesgeschichtlichen Erfahrung des Leidens der Völker im Osten ernstzunehmen und verantwortlich zu erkennen. Im Aspekt der beabsichtigten Überlegungen betont diese Formel die Verantwortung der Sozialethiker und Sozialwissenschaftler, Philosophen und Theologen, für den Aufbau ihrer Theorien, nämlich was und warum sie etwas behaupten. Solche Verantwortung zu tragen, verlangt von ihnen ein metatheoretisches Bewußtsein, eine metaethische Reflexion. Diese muß erfolgen trotz der äußeren Umstände, die manchmal nach sofort anwendbarem und nutzbringendem Wissen, nach Lösungen von aktuellen Fragen rufen, welche nicht nur gedrucktes akademisches Papier produzieren, sondern auch geistige Unruhe stiften.

„Ex oriente lux" soll also für die westeuropäischen Linksintellektuellen, die immer in bürgerlicher Sicherheit lebten und weiter unbelehrbar leben, bedeuten, daß sie den Millionen von Opfern des marxistischen Sozialismus eine Antwort schuldig sind. Ihre Entschuldigung für ihre ideologische Blindheit, theoretische Spielereien und nihilistische Arroganz steht noch aus. Man darf auch die „theologischen Wendehälse", die noch in den 80er Jahren aufforderten, den Marxismus ernsthaft zu berücksichtigen, nicht leicht vergessen, denn der Preis war hoch, und die Folgen sind schwerwiegend. Nicht ihre Träume und Visionen, nicht einmal ihre politische Naivität werden angeklagt, sondern ihre Konstruktionen von Ideen und Erkenntnissen, die von ihnen zu offiziellen Wahrheiten hochstilisiert wurden. Trotz einem großen Schrei der Völker nach Wahrheit und Gerechtigkeit, trotz einer desillusionierten „Gorbomanie", sind sie noch heute nicht bereit, ihren Nihilismus und Destruktivismus preiszugeben, ihren Ideen, die manche moderne Irrwege mitbewirkt haben, abzuschwören, und zwar mit dem Argument, daß die Realität nicht in jedem Fall geeignet sei, die Richtigkeit ihrer Ideen zu entkräften. Sie wollen nicht ihre Hoffnung aufgeben, daß es doch gelingen könnte, ihre für richtig gehaltenen Ideen unverfälscht und auf humane Weise – in Form z. B. eines Sozialismus mit menschlichem Antlitz – zu verwirklichen. Sie wollen verantwortungslos die Träume von gestern weiterträumen, – ihre Spielart von Theoriebildung gegen Proteste der Betroffenen weiter betreiben.[2]

II. Zur Bedeutung metaethischer Reflexion für die Wissenschaften

Natürlich hat der Sozialwissenschaftler die Freiheit nach bestem Wissen und Gewissen ein Theoriegebäude aufzubauen bzw. die geeignete Theorie, bezüglich ihrer weltanschaulichen Implikationen und ihrer Erklärungskraft, auszuwählen. Sein Gewissen bezieht sich auf den weltanschaulichen Standpunkt, den er eben einnimmt und der bei dem Aufbau der Theorie bzw. bei der Wahl

---

[2] Vgl. U. Greiner, Das kranke Jahrhundert. Ein Nachwort zur Sozialismus-Umfrage der Zeit, Die Zeit Nr. 3/90, 37.

einer Theorie einen wichtigen Faktor darstellt. Gerade darin besteht aber seine Hauptverantwortung für die methodologische Ordnung in der sozialethischen Theorie und für ihre schwerwiegenden Folgen in der Forschung und Lehre, in der Sozialpolitik und im Sozialethos. Der Sozialethiker/Sozialwissenschaftler muß sich im klaren sein, daß das Verhalten der Menschen keine Gleichgültigkeit gegenüber den Theorien vom menschlichen Verhalten und gesellschaftlichen Zusammenleben bekundet, wie es etwa bei astronomischen Theorien über die Planetenbewegung der Fall ist. Die Sozialwissenschaften liefern genug Beispiele (nicht nur aus der NS-Zeit), die eine Umwandlung der Theorien in Doktrinen und Ideologien, mit allen damit zusammenhängenden Auswüchsen, manifestieren.[3] Ebenso hat die moderne Ideologiekritik darauf hingewiesen, in welchem Umfang gerade eine ideologische Vorentscheidung die im Gewand der Objektivität auftretenden Theorien zu beeinflussen vermag und dadurch in die Denkweise und in das Verhalten der Menschen einfließt.[4] Sozialethik, die eine bestimmte Position in metaethischen Fragen bewußt einnimmt oder eine metaethische Ignoranz verrät, (was auch eine Stellungnahme ist) entscheidet bereits dadurch über ihren normativen Bereich.[5]

Deshalb gewinnen heute, nach dem Scheitern des Marxismus und der kommunistischen Diktatur, in einer Situation der dringenden Nachfrage nach einer sozial gerechten und ökologisch verantwortlichen Orientierung, die Aussagen der Katholische Soziallehre dank ihrer dahinter stehenden Grundkonzeption eine aktuelle Bedeutung. Aber auch manche Position, die sich auf die Soziallehre der Kirche stützt, (so z. B. die These des Staatsinterventionismus oder das Vorrangprinzip der Arbeit vor dem Kapital) ist gegenüber den neoliberalen Tendenzen in den postkommunistischen Ländern hervorzuheben. Kurz, als Grundlagenwissenschaft, die wiederum ohne eine Metatheorie undenkbar wäre, stößt sie auf großes Interesse.

In Westeuropa fragt man sich dagegen besorgt, warum die Katholische Soziallehre an Bedeutung verloren hat.[6] Gegenwärtige Strömungen und Tendenzen der Theologie, eine Verlagerung von der Wesenstheologie zu einer existialistischen bzw. transzendentalphilosophischen Denkweise werden dafür als Ursache genannt. So sei ihr sozusagen Boden unter den Füßen weggezogen worden und sie der Gefahr ausgesetzt, nur als ein „System offener Sätze" (H. J. Wallraff), ohne eine naturrechtliche Basis, verstanden zu werden. Mit dieser Klage befindet man sich zwar bereits auf der metatheoretischen Ebene, und doch verrät sie eine Unsicherheit und einen Mangel an metaethischem Bewußtsein,[7] woraus sich dann die endogene Aufgabenstellung der Katholischen Soziallehre ergibt.

Als Sozialethik und als Theologie wird von ihr zugleich eine ausführliche Grundlagendiskussion erwartet, durch die der Ertrag einer solchen parallelen

---

[3] Jean-Luc Lambert, Wissenschaft und Weisheit: Die Verantwortung der Akademiker: Ein Gesichtspunkt in den Sozialwissenschaften, in: Wissenschaft und Weisheit: Die Verantwortung des Wissenschaftlers, Freiburg/Schweiz 1990, 34–38, 36f.

[4] Vgl. A. Rauscher, Kirchliche Soziallehre: Ideologie zur Legitimation von Machtstrukturen in Kirche und Gesellschaft?, in: ders., Kirche in der Welt, Bd. 1, Würzburg 1988, 63.

[5] Vgl. C. Wiemeyer-Faulde, Ethik und christlicher Glaube, Altenberge 1990, 15.

[6] Vgl. A. Rauscher, Den Boden verloren, in: aaO, 230.

[7] Vgl. ebd., 231–233.

Diskussion innerhalb der Moraltheologie zu rezipieren ist,[8] was metaethische Studien über ihre klassischen Auffassungen (wie etwa die von J. Höffner oder O. von Nell-Breuning) erfordert.

Dennoch gelten metaethische Überlegungen oft als eine Art von Selbstbeschäftigung, die in der Katholischen Soziallehre nicht nur bedeutungslos, sondern auch irreführend seien. Als Beispiel für einen solchen Solipsismus gilt etwa die Beschäftigung mit der Frage „Was denn das ‚eigentlich Christliche' an der christlichen Soziallehre sei, anstatt sich aus christlicher Position mit den Problemen zu befassen".[9] Dennoch gibt woanders selbst dieser Verfasser nicht ganz konsequent zu, daß „metaempirische Fragen keineswegs nur akademischer Natur, eine zweckfreie Spielwiese für schöngeistige Spekulationen (sind), vielmehr schlagen sie auf die Lösung der praktischen Ordnungsprobleme durch".[10]

Zur Ablehnung metaethischer Reflexion können auch andere Gründe motivieren. So berichtet M. Spieker über ein wirtschaftsethisches Ost-West Kolloquium in Moskau (1989) als ein Vorspiel zum geplanten Symposion anläßlich des 100. Jahrestages der ersten Sozialenzyklika „Rerum Novarum", das ebendort stattfinden wird.[11] Man war, berichtet er, in vielen Thesen einig (Begrenzung der Staatsmacht, Abkehr von der Klassenmoral, soziale Bedeutung der Familie usw.). Inhaltlich hätte es keine Differenzen gegeben, jedoch in der Begründung der Werte, an denen sich das soziale Ethos orientiert. „Gingen die sowjetischen Teilnehmer von dem von der ‚Menschheit' im Laufe der Geschichte entwickelten Moralkodex aus, so verankerten die meisten westlichen Teilnehmer diese Werte im christlichen Glauben." Ähnliches wird aber auch in Bezug auf die katholische und evangelische Sozialethik ausgesagt: Ihre Vertreter gelangten oft zu denselben Ergebnissen in der Beurteilung gesellschaftlicher Ordnungsfragen, dies jedoch unabhängig von der unterschiedlichen Argumentationsweise. Damit läßt sich die Frage nicht umgehen: Wozu denn muß man die Begründungsfrage in der Sozialethik, die metaethischen Fragen nach der Epistemologie und Methodologie der Sozialethik stellen, wenn die inhaltlich gemeinsamen Thesen nur noch höchstens appellativ unterschiedlich sind?

Dennoch: Die ganze Geschichte der Katholischen Soziallehre spricht gegen jede Vermutung, eine ihr innewohnende metaethische Reflexion sei untauglich. Die Dramatik ihrer Entwicklung ist vielmehr ein Plädoyer für intensivere metaethische Reflexionen. Unzulänglich ist ihre Thematisierung, wo sie eher zwischen den Zeilen oder in Form einer Einführung in die Sozialethik behandelt wird. Sowohl Vertreter als auch Kritiker der Katholischen Soziallehre vermissen so noch immer deren zureichende genuin ethische Fundierung, die dem heutigen Niveau der metaethischen Stringenz entspricht. Ein Gebot ihrer Glaubwürdigkeit ist die kritische Durchleuchtung und Überprü-

---

[8] Vgl. F. Furger, Christliche Sozialwissenschaft – eine normative Gesellschaftstheorie in ordnungsethischen und dynamisch evolutiven Ansätzen, in: Jahrbuch für Christliche Sozialwissenschaften 29 (1988) 24–25; A. Anzenbacher, Zur Kompetenz der Kirche in Fragen des wirtschaftlichen Lebens, in: ebd., 80.

[9] A. Rauscher, Den Boden verloren, aaO, 233.

[10] Ders., Die spezifische Leistung der Grundsatzwissenschaften im Hinblick auf die praktische Bewältigung gesellschaftspolitischer Fragen, in: aaO, 96.

[11] Abkehr von der Klassenethik, Rheinischer Merkur Nr. 20/1990, 27.

fung der von ihr vorausgesetzten Abhängigkeiten, methodologischen Strukturen und Erklärungsmodelle.

Als Sozialethik muß sie sich daher fragen und befragen lassen, mit welcher Metatheorie sie zu tun hat, wovon und wie sie ihre Grundaussagen logisch korrekt herleitet: Welche sind die unhintergehbaren Grundlagen und die entscheidenden Elemente ihrer methodologischen Aufbaustruktur? Welche dürfen in der Theoriebildung nicht verkürzt werden? Welche Grundtendenzen und Begründungszusammenhänge werden ihr weitgehend zugesprochen? Solche aus metaethischer Sicht gestellte kritische Rückfragen sind keine Reißbrettkonstruktionen, sondern erfordern eine bewußte Aufarbeitung.

III. Zur Entwicklung der Katholischen Soziallehre

Aus Anlaß des 100jährigen Jubiläums von „Rerum Novarum" ist es daher berechtigt, mit H. B. Streithofen[12] auch metaethisch relevante Fragen zu stellen: Wo liegen eigentlich die Wurzeln dieses Lehrgebäudes? Woher hat die Enzyklika ihre Ideen bezogen? Was sind ihre geistesgeschichtlichen Hintergründe? Welche Kriterien wurden von ihr für eine genuin ethische Analyse und Urteilsbildung sozialer Prozesse und Strukturen angewendet? Dabei geht es nicht so sehr um die Frage, ob die Enzyklika RN die Gedanken des Hl. Thomas ungebrochen von Leo XIII., dem großen Erneuerer des Thomismus in der Theologie wiedergibt, (die Fußnoten verweisen ergiebig auf Stellen des Aquinaten), oder ob sie nicht von einer anderen Gedankenwelt als der des Thomas beeinflußt wurde. Die Antwort, daß ein gewisser Bruch in der thomistischen Tradition in der Enzyklika RN festzustellen ist, soll aber nicht zur Tröstung der Dominikaner motivieren, sondern die metaethische Reflexion in Bezug auf die Argumentationsweise schärfen. So gibt es z. B. keinen Bruch in der Eigentumsfrage; in dieser Hinsicht ist die Enzyklika wie die Katholische Soziallehre überhaupt wirklich kein „Sammelsurium beliebig veränderbarer Ansichten" (L. Roos). Aber ein Bruch in der Methodenfrage erfordert erneut eine metaethische Reflexion, wenn die Katholische Soziallehre ein „zeitgemäßes Lehrgebäude" (SRS 1) sein soll, das den wissenschaftstheoretischen Ansprüchen genügt.

Die Enzyklika RN ist im Kontext und als Endeffekt einer Entwicklung des katholisch-sozialen Denkens im 19. Jahrhundert entstanden. Dieser Prozeß wurde von einer kritischen Reflexion über soziale, ökonomische und politische Ideen und Theorien begleitet. Er setzte eine begründbare Position voraus und war durch die „Rückbesinnung auf die christliche Sozialidee (geprägt), um daraus orientierende Kraft bei der Lösung der sozialen Frage zu gewinnen und die Grenzen zu den ideologischen Entwürfen und Systemen ziehen zu können".[13]

Damals konnte die Katholische Soziallehre aber nur ungenügend auf die Frage antworten, wie man zur Formulierung einer sozialethischen Aussage kommt und wie sie begründet werden soll. Von anderen Wissenschaften konnte sie zudem wenig Hilfe in der Klärung der Sachverhalte und in der Erklärung der Gründe bekommen. Im Laufe der Weiterentwicklung der

---

[12] Vgl. Thomas und die Marktwirtschaft, in: Rheinischer Merkur, April 1990.
[13] A. Rauscher, Katholische Sozialphilosophie im 19. Jahrhundert, in: aaO, 126f.

Katholischen Soziallehre wurden dagegen einerseits neue Aspekte und Dimensionen der sozialen Frage in einer Explikationsaufarbeitung verdeutlicht, andererseits unterschiedliche Ansatz- und Ausgangspunkte im Explanationsverfahren unter bestimmten erkenntnistheoretischen und methodologischen Bedingungen gewählt und anerkannt, ohne daß dieser wissenschaftstheoretische Prozeß in der Katholischen Soziallehre Diskontinuität bedeutet.

Aus heutiger Perspektive kann man daher mit Recht die folgende Meinung von A. Anzenbacher vertreten: „Die kirchliche Sozialverkündigung seit Rerum Novarum (1891) vollzog in ihrer theoretischen Grundlegung in etwa folgende Strategie: Sie rekurrierte in bewußter Distanzierung von diesen theoretischen Konzepten der Neuzeit (der Menschenrechte als Freiheitsrechte, des Rechtsstaates usw.) auf teilweise vorneuzeitliche Theoreme, vor allem auf die Aristotelesrezeption des Thomas und die Sozial- und Wirtschaftsphilosophie der Spätscholastik. ... Sie rekurrierte also auf einen Grundtypus sozialen Denkens, der nicht primär an den für die Neuzeit bestimmenden Begriffen Freiheit und Gleichheit orientiert war, sondern an den Begriffen Gemeinwohl und Gerechtigkeit..."[14]

Das beschwören sowohl die Päpste in ihrer kirchlichen Sozialverkündigung wie die „klassischen" Vertreter der Katholischen Soziallehre: Die ersten bekunden die Kontinuität der Soziallehre durch die häufig gebrauchten und wiederholten Zitate aus früheren Enzykliken oder anderen päpstlichen Verlautbarungen: „wie unsere Vorgänger", um den Einklang der eigenen Lehre mit der seiner Vorgänger zu bekunden. Die Formulierung soll unmißverständlich sowohl die Tatsache der Übereinstimmung mit den bisher angewendeten gleichen Prinzipien und Hauptwahrheiten feststellen, als auch argumentativ ihre bleibende Gültigkeit bekräftigen. Sie soll eine Weiterführung und dauerhafte Gültigkeit der aufgestellten Grundsätze (vgl. „Rerum Novarum" als „bleibenden Bezugspunkt" in „Mater et Magistra" Nr. 9, „Octogesima adveniens" Nr. 3, „Sollicitudo rei socialis" Nr. 1,8) und keine zeitbedingte Fehlentwicklung und Abhebung von der Position der Vorgänger beweisen.

Die „Klassiker" dagegen wollen mit der These der Kontinuität der Katholischen Soziallehre behaupten, daß es zwar unverkennbar eine Weiterentwicklung gibt und daß man mit Recht vom Ausbau spricht, von Phasen, Schwerpunktverlagerungen im geschichtlichen Ablauf, von neuen Problemstellungen der Zeit, von zeitgemäßen Ausgestaltungen, von Akzentverschiebungen und Vertiefungen in der Betrachtungsweise, sogar von Kurskorrekturen im Hinblick auf Wahrheit und Werte, die bisher nicht oder zu wenig gesehen wurden. Die Katholische Soziallehre im ganzen aber ist dennoch konsistent und allgemein gültig. Dafür soll ihr Objekt und Erkenntnisziel sorgen, nämlich die im personalen Sein des Menschen und in seiner Identität grundgelegte Gesellschaftlichkeit und ihre anerkannten Wesensstrukturen.[15]

Nun ist aber nicht jede Abkehr von herkömmlichen Einstellungen und Optionen, die in der Geschichte nach der Enzyklika „Rerum Novarum" zu vermerken ist, ausschließlich auf neue Herausforderungen zurückzuführen. Verschiedene Strömungen und unterschiedliche Interpretationen innerhalb

---

[14] A. Anzenbacher, aaO, 78f.
[15] Vgl. A. Rauscher, Zur Kontinuität der Katholischen Soziallehre, in: aaO, 163–167; auch ebd. 194, 201. Ebenso L. Roos, Methodologie des Prinzips „Arbeit vor Kapital", in: Jahrbuch für Christliche Sozialwissenschaften 29 (1988), 100.

der Entwicklungsgeschichte verschieben sich in einer Weise (z. B. die Geltendmachung des einigenden Personalprinzips), daß deren Integration entgegen dem Optimismus vieler Kommentatoren nicht ohne Rückfragen und methodologische Schwierigkeiten möglich ist.

Aus metaethischer Sicht stellt die Katholische Soziallehre vielmehr eine Sammlung von Theorien dar, die bezwecken, spezifisch soziale Sachverhalte systematisch-umfassend zu beschreiben und endgültig zu erklären. Für die Explikation und Explanation *eines* bestimmten Sachverhaltes gibt es in der Regel mehrere Theorien bzw. Theoriegruppen. Die Vielfalt von vorhandenen Theorien und Schulen, allgemeiner und partieller Art, kann so verwirrend sein, daß es in der Tat zu Orientierungslosigkeit und schwerwiegenden Folgen kommen kann, statt ein sozialpolitisches Handeln zu ermöglichen. Für Ordnung und Aufbau eines systematischen Theoriegebäudes der Katholischen Soziallehre wäre daher eine Zusammenarbeit der Autoren erforderlich, die jeweils ihre eigene Theorie in einen weiteren historischen und methodologischen Kontext stellen. Weiterhin müßten sie argumentativ klar machen, warum gerade diese Theorie gewählt wurde, um eine bestimmte soziale Problematik zu beschreiben und zu erklären. Dies erfordert eine metatheoretische Kultur und eine metaethische Reflexion, welche die verschiedenen Ansätze und Ausgangspunkte, die hinter der Theorie stecken, unterscheidet, typologisiert und so einen Überblick über die Vielfalt der Theorien ermöglicht. Metaethik kann Ordnung in die Theorien der Katholischen Soziallehre bringen. Sie also exklusiv zu betreiben, nicht nur in Form einer allgemeinen Einführung, ist eine dringende Aufgabe. Denn erst dann verfügt der Sozialethiker über ein methodologisches Bewußtsein, welches ihm das Herausarbeiten einer mit durchdachten Grundlagen und Erklärungsstrategien ausgerüsteten Theorie ermöglicht.[16]

IV. Zur Problematik neuerer Ansätze in der Sozialethik

Einige jüngere Vertreter der Sozialethik gehen jedoch sogar über eine methodologische „Säuberungsaktion" in der traditionellen Katholischen Soziallehre hinaus. Nach ihrer Ansicht sind die gängigen sozialphilosophischen und -theologischen Theorien angesichts der Komplexität einer funktional differenzierten und pluralistischen Gesellschaft unzureichend. Deshalb sind sie auf der Suche nach neuen Paradigmen der Sozialethik.[17] Sie sprechen von der Notwendigkeit eines Paradigmenumbaus, von einer Diskontinuität zu den sozialethischen Paradigmen, der metaphysisch und naturrechtlich verfaßten Sozialethik, in der Hoffnung, diese könnte mit der angebotenen diagnostischen Schärfe und desillusionierenden Funktion neue Perspektiven und Aspekte eröffnen und dadurch zu einer funktionstüchtigeren Theorie werden. Wenn in diesem Zusammenhang ein Paradigmenwechsel, ein revolutionär wirkender methodologischer Bruch zum traditionellen sozialethischen Denken

---

[16] Vgl. H. Bortis, Wissenschaft und Weisheit: Die Verantwortung des Wissenschaftlers aus der Sicht der Ökonomie, in: Wissenschaft und Weisheit aaO, 30–33.

[17] Vgl. dazu die Tagung „Paradigmen der Sozialethik. Konturen eines sozialethischen Theorienvergleichs". Dazu der Bericht von M. Heimbach-Steins, in: Jahrbuch für Christliche Sozialwissenschaften 32 (1991), 329–339.

gefordert wird, weil die früheren Modelle der Sozialethik angeblich keine sachgerechten Antworten auf einige der aktuellen Herausforderungen, kein Neudurchdenken der Gesamtheit der sozialen Probleme bieten, so sprechen die anderen dagegen weniger kritisch von einer Kompatibilität der neuen, und lediglich von einer Ergänzungsbedürftigkeit der alten Paradigmen. Sie sehen Anschlußstellen zwischen den herkömmlichen Versionen der Sozialethik und den neuen Theorien.

Allerdings sollte man sich dabei im klaren sein, daß ein neues Paradigma als Ansatz, Schlüsselbegriff, Grundkriterium und Zielpunkt der ganzen Theorie in der Sozialethik zu wählen, eine Grundentscheidung und Denkeinstellung ist, die das Forschungsfeld, die Methoden und Aufgaben der Sozialethik definiert. Im Gegensatz zu den Naturwissenschaften geschieht dies jedoch in den Humanwissenschaften so, daß es von begleitenden metaphysischen Überzeugungen und von ideologisch, soziologisch, historisch determinierten Wertentscheidungen, ja von der Biographie des Forschers selbst mitbestimmt ist.[18]

Die paradigmatische Grundentscheidung in der klassischen katholischen Soziallehre beinhaltet einige anthropologische Grundvoraussetzungen über Freiheit und Selbstverantwortung des Menschen, über seine Autonomie und mitverantwortliche Solidarität. Ihr eigentlicher Ansatz- und Ausgangspunkt, die Gesellschaftlichkeit des Menschen, der auf der „vollen Wahrheit über den Menschen" basiert, ist mit dem Prinzip bzw. Grundaxiom der Würde der menschlichen Person und ihren Rechten verbunden. Aus dieser breit angelegten Grundlage sind andere komplementäre, bleibende Prinzipien abzuleiten, die das Sozialleben regeln: Die „auf das Gemeinwohl, die Solidarität, die Subsidiarität, die Teilnahme am sozialen Leben, die organische Auffassung des sozialen Lebens und die Bestimmung der Güter für alle hinzielen"[19].

Sicherlich ist das ein sehr breit ansetzendes Paradigma und eine argumentativ tragfähige und begründungskräftige Grundlage, die weiterhin auf viele moderne, sozialethische Zukunftsfragen angewendet werden kann. Die Sozialethik in der Katholischen Soziallehre, die diesem theoretischen Ansatz Rechnung zu tragen versucht, braucht daher nicht gleich von einer Theoriebildungslust und einer Mode des Paradigmenwechsels verunsichert zu sein. Ihr Fragen nach dem „humanen Gehalt der gesellschaftlichen Strukturen, ihrer Normen, Institutionen und sozialen Systeme"[20] auf dem Grund des Prinzips der Würde des Menschen und zugleich die Behandlung und Ergründung ihrer Themen mit Hilfe derselben Grundlagen, ist weiterhin argumentativ gültig, sowie epistemologisch und methodologisch längst nicht erschöpft.

Das alles zwingt zur Vorsicht in der Kritik der gegenwärtigen Entwicklung der katholischen Soziallehre. Für A. Anzenbacher ist es „bezeichnend, daß es in den letzten zwei Jahrzehnten keinen Versuch mehr gab, die Systematik der Katholischen Soziallehre umfassend neu zu durchdenken". Für ihn geht es darum, „den harten Kern traditioneller Sozialverkündigung und Sozialethik durch das Problembewußtsein neuzeitlicher Freiheitsgeschichte hindurch zu rekonstruieren und weiterzuentwickeln, d. h. die zentralen Ansätze dieser

---

[18] Vgl. A. Dylus, Paradygmaty w etyce społecznej, in: Collectanea Theologica 60 (1991) fasc. 1.

[19] Kongregation für das katholische Bildungswesen, Leitlinien für das Studium und den Unterricht der Soziallehre der Kirche und der Priesterausbildung, Nr. 33, 36.

[20] W. Korff, Sozialethik, in: Staatslexikon, Bd. 4, 7. Aufl. Freiburg/Basel/Wien 1988, Sp. 1287.

Freiheitsgeschichte in die Systematik der Sozialethik ‚aufzuheben'"[21]. Sicherlich spricht vieles dafür, daß Umfundierungsversuche in der Katholischen Soziallehre vollzogen werden müssen. Es hat allerdings wenig Sinn, das Kind mit dem Bade auszuschütten, wenn die Vorgehensweise der traditionellen Katholischen Soziallehre mit ihrem Naturrechts- und Menschenrechtsdenken[22] auch heute für das sozialethische Denken als paradigmatisch gelten kann.

In diesem Zusammenhang schreibt F. Furger mit Recht: „Unter der Voraussetzung der berechtigten und notwendigen Rationalismus- und Naturalismuskritik in ihrer neuscholastischen Ausprägung bleibt dabei dieses vor allem der katholischen sozialethischen Tradition vertraute Vorgehen dem klassischen Naturrechtsdenken durchaus angepaßt und vermag seine Einsichten auf heutige Gesellschaftsgestaltung zu übertragen."[23] Gleichzeitig gibt er dennoch zu: es „können dann auch auf einem völlig fremden oder gar gegensätzlichen Hintergrund gewachsene Einsichten in Sachzusammenhänge oder Theorien zu deren Erklärung (selbstverständlich auch Kritik) nützlich sein". Sie dürfen „nicht einfach deswegen übergangen werden, weil sie aus (neo-)marxistisch geprägten Sozialtheorien stammen".[24]

Sicherlich ist ein wissenschaftstheoretischer Dogmatismus in der Katholischen Soziallehre als Sozialethik verwerflich und von solcher Blockade darf keine Rede sein. Andererseits aber ist auch nicht ein wissenschaftstheoretischer Indifferentismus in ihrem Bereich akzeptierbar. Ihre dynamische und situationsbezogene Anwendbarkeit auf reale Sachverhalte, die die Formel „Gefüge offener Sätze" (H. J. Wallraff) ausdrückt, darf nicht im Sinne einer erkenntnistheoretischen Beliebigkeit und eines methodologischen Neutralismus verstanden werden. Denn einen solchen gibt es einfach nicht. Der Sozialethiker muß sich im klaren darüber sein, daß die Einbeziehung einer anderen Theorie in die Katholische Soziallehre auch nur für stimulativkritische und analytische Zwecke zu systembedingten Konsequenzen in Abhängigkeit von theorie-durchtränkten Aussagen führen muß. Die Metaethik macht ihn gerade darauf aufmerksam und fordert seine Prüfungsbereitschaft heraus.

Das gilt auch in bezug auf den Versuch einer „Theologisierung" der Katholischen Soziallehre traditioneller Art, die angeblich dadurch eo ipso ihre Theoriedefizite verliere.[25] Man will auf diesem Weg eine „Reformulierung der methodologischen Grundlagen und des Wissenschaftsverständnisses der Katholischen Soziallehre"[26] erreichen, nämlich durch einen Abschied des übergeschichtlichen Kirchenbildes und einer Aufnahme der geschichtlichen Wechselbeziehung von Kirche und Welt, aufgrund der theologischen Sachaussagen und Denkformen des 2. Vatikanums und mit Hilfe der nachkonziliären

---

[21] A. Anzenbacher, aaO, 81.
[22] Vgl. zur Problematik des Naturrechts für Moraltheologie und Sozialethik; Marianne Heimbach-Steins (Hg.), Naturrecht im ethischen Diskurs, Münster 1990.
[23] F. Furger, Die Katholische Soziallehre – eine Einführung, Freiburg/Schweiz. 1989, 38. Das von F. Furger verfaßte Lehrbuch Christliche Sozialethik, Grundlagen und Zielsetzung, Stuttgart/Berlin/Köln 1991, konnte nicht mehr berücksichtigt werden.
[24] Ebd., 42f.
[25] Vgl. P. Hünermann, Kirche–Gesellschaft–Kultur, Zur Theorie katholischer Soziallehre, in: P. Hünermann / M. Eckholt (Hg.), Katholische Soziallehre – Wirtschaft – Demokratie, Mainz–München 1989, 9–48.
[26] Ebd., 24

Methode in der Dogmatik und in der Moraltheologie.[27] Dies führt gewiß auch zur Neubestimmung des Forschungsfeldes, der Methoden und Aufgaben der Katholischen Soziallehre als theologischer Disziplin. Nach P. Hünermann vollzieht sie als solche „die Herausarbeitung, Auslegung und Ausgestaltung jener Momente und Aspekte, die zur geschichtlichen sozialen Natur des Menschen gehören, im Lichte des Glaubens".[28] Dadurch komme sie auch in Berührung mit der praktischen Philosophie. In Klammern fügt Hünermann jedoch den Satz hinzu „Es wird damit eine von den transzendentalphilosophischen Reflexion gewonnene Bestimmung unterstellt".[29] Offenbar erhofft er einerseits vom Aussteigen aus der aristotelisch-scholastischen Wissenschaftskonzeption und aus dem neuscholastischen Naturrechtsdenken, das mit einer einseitigen Akzentsetzung auf die ethischen Momente in der traditionellen Katholischen Soziallehre verbunden sein sollte, wie andererseits von neuen transzendentalphilosophischen Zugang in der Katholischen Soziallehre als Theologie, bessere erkenntnistheoretische und methodologische Möglichkeiten für die Theoriebildung der Katholischen Soziallehre.

Seitens der Metaethik muß zu dieser Kritik der naturrechtsorientierten, klassischen Soziallehre, wie auch zur Projektierung einer transzendentalphilosophischen und -theologischen Soziallehre freilich festgehalten werden, daß die Kritik überzeugender ist als das bereitgestellte Problemlösungspotential zur Aufarbeitung einer neuen Theorie. Denn sie ist leider wieder von neuen Schwächen gekennzeichnet, die den Gegnern unumstößliche Argumente liefern. So wie einst das Problem der Definierbarkeit des Guten zum Streit in der Metaethik und zu metaethischen Positionen eines Naturalismus, Intuitionismus und Emotivismus vieler Schattierungen geführt hatte, könnte Hünermanns Auffassung am Beispiel des Begriffs der Menschenwürde in seiner Theorie der Katholischen Soziallehre[30] zur metaethischen Typologisierung dieser Theorie mit Folgen dienen, die hier im einzelnen nicht weiter ausgeführt werden können.

Die kritischen Anmerkungen hinsichtlich einer solchen „Theologisierung" der Katholischen Soziallehre bedeuten allerdings nicht eine radikale Infragestellung ihres theoretischen Status als theologischer Disziplin. Es geht hier nicht um jene vereinzelten Stimmen in der geschichtlichen Entwicklung, die mit der Absage an die naturrechtliche und sozialphilosophische Auffassung einen evangelikal-fundamentalistischen, biblizistischen, allein sozialtheologischen Aufbau anstreben. Ebensowenig geht es um die Frage nach dem Auswahlkriterium, welche Theologie von den vielen gegenwärtigen Theologie-Typen für die Theoriebildung optimal zuständig wäre. Deshalb steht denn hier auch nicht die Frage zur Debatte, ob die Theologie mit ihrem transzendentalphilosophischen Ansatz die einzig Richtige sei.

Auf dem Hintergrund der Lektüre der einschlägigen sozialethischen Literatur stellt sich vielmehr die Frage, wie die Katholische Soziallehre den theologischen Charakter bekommt, wie eine Theologisierung im Aufbau ihrer Theorie zustandekommen bzw. wie man sie als Theologie methodologisch korrekt betreiben soll? Die breite Übereinstimmung, daß sie auch eine

---

[27] Vgl. ebd., 28–35.
[28] Ebd., 43.
[29] Ebd., 42.
[30] Vgl. ebd., 41.

theologische Dimension umfaßt, verhindert hinsichtlich der Frage, wie die Sozialethik als Theologie mit der Philosophie und den empirischen Wissenschaften in einer logischen Verbindung zusammenkommt, nicht schon alle Mißverständnisse. Für diese metatheoretische These ihres theologischen Status und Fundaments müssen vielmehr, um sie rechtfertigen zu können, gute Gründe angeführt werden, und der bloße Rückgriff auf die kirchliche, dogmatisch gebundene Lehrverkündigung (N. Monzel), wie auch das Theologisierungsmodell des Lehramtes selbst sind keine genügende Rechtfertigung. Die Behauptung von Johannes Paul II. (SRS Nr. 41), daß die Katholische Soziallehre ein Teil der Moraltheologie sei, fordert erst recht eine immanente Analyse und eine metatheologische und metaethische Reflexion. Erst mit ihrer Hilfe ist es möglich – was teilweise als Aufgabe schon gemacht wird oder bevorsteht – diese metatheoretische Position in Thesen auf der logisch-methodologischen und semiotischen Ebene in eine Metasprache zu übersetzen, und nachzuprüfen, welche ontologischen und erkenntnistheoretischen Thesen subsumiert werden.

V. Erkenntnistheoretische Fragen der Sozialethik: Plädoyer für den Kognitivismus

Die Katholische Soziallehre als Sozialethik, mit einem Rekurs auf die Sozialverkündigung der Kirche, bekundet häufig den Doppelcharakter ihrer Erkenntnisquellen und -ordnungen: Das Licht der Vernunft und des Glaubens, das Naturrecht und die Offenbarung. Sie entnimmt ihre Erkenntnisse und Wahrheiten, Inhalte und Gründe, beiden Grundlagen. Daß die der Vernunft zugänglichen Wahrheiten im Vordergrund stehen, bedeutet aber weder eine Exklusivität, noch stehen sie nach der Iuxta-Positio-Regel zusammen, sondern in enger Verbindung und weitgehender Übereinstimmung durch die grundlegende Gemeinsamkeit der ontologischen Fundierung. Die Sozialethik hat also einen anthropologischen, naturrechtlichen und schöpfungstheologischen Ansatz und folgt einem epistemologischen Vorgehen, in dem sich die eigenen selbständigen Erkenntnisquellen gegenseitig durchdringen und wechselseitig ineinandergreifen, ohne dabei die natürlichen Wahrheiten und Werte durch eine „Theologisierung" wesentlich zu verändern. In der Sprache des II. Vatikanums heißt das: die Einsichtigkeit der sozialethischen Sachverhalte des sozialen Lebens erfolgt nicht „aus" dem Licht der Offenbarung, sondern aus dem Licht der Vernunft, die aber auch „im" bzw. „unter" dem Licht der Offenbarung des Glaubens zur volleren Wahrheit – und Werterfassung kommt.[31]

Die in der Sozialethik vorausgesetzte Erkenntnisfähigkeit der menschlichen Vernunft, die in der Lage ist, die erkennbare soziale Wirklichkeit zu erfassen, um für das soziale Handeln und für die gesellschaftlichen Strukturen relevante Werturteile und Normen zu formulieren, ordnet die Katholische Soziallehre auf der Position des metaethischen Kognitivismus ein. Ein erkenntnistheoretischer Skeptizismus oder metaethischer Non-Kognitivismus ist von vornherein ausgeschlossen. Deshalb darf sie aber nicht den Anspruch erheben, über

---

[31] Vgl. GS Nr. 4; 10; 11; 15; 23 passim; A. Rauscher, Sub luce Evangelii, in: aaO, 58–62.

Erkenntnisse und Verfahren zu verfügen, um die Gesamtheit der sozialethischen Fragen klären und allen Erfordernissen genügen zu können, die sich aus den sozialen Aspekten des menschlichen Lebens ergeben.[32] Daher wäre es erforderlich, sich in der Katholischen Soziallehre mehr mit dem Non-Kognitivismus auseinanderzusetzen, statt mit einem a fortiori abzulehnenden radikalen Emotivismus, oder Dezisionismus (Präskriptivismus), nach denen der sozial-ethisch handelnde Mensch sich in freier Entscheidung in und mit der Gesellschaft selbst seine Werte schafft und Normen formuliert und daher nicht mehr auf die objektiv vorgegebenen und aufgegebenen Werte als die im Prinzip natürlich erkennbaren Forderungen zu antworten braucht.[33]

Im Zusammenhang mit diesem dezisionistisch-präskriptivistischen Akognitivismus, der aus metaethischer Sicht in der Katholischen Soziallehre als Sozialethik zu vermeiden ist, ist es wichtig, die dadurch provozierte Tendenz eines kognitivistischen Naturalismus zu diskutieren, die möglicherweise dem Vorgehen der Katholischen Soziallehre zugrunde liegt und ihre Betrachtungsweise bedingt. Die Grundintention ist dabei die Überzeugung des Sozialethikers von der Notwendigkeit einer wissenschaftlichen Erforschung der sozialen Realität. Die Befürworter des Naturalismus (Empirismus) in der Sozialethik (eigentlich: Sozialtheologie) glauben dagegen nach einem neupositivistischen Credo der Wissenschaftlichkeit, daß die Ziele, Werte und Normen der Sozialethik, mit experimenteller Forschung, also nach den Kriterien der strengen Quantifizierbarkeit, der Objektivität und Kohärenz, ausgemacht und die sozialen Tatsachen wie Dinge im Beobachtungsfeld der Soziologie erkannt werden können.[34]

Es gibt keinen Zweifel daran, daß empirische Sozialwissenschaften wertvolle Einsichten in die kausal-funktionalen Zusammenhänge eröffnen und alternative gesellschaftspolitische Entscheidungsmöglichkeiten bieten. Dadurch erwecken sie den Eindruck, daß die mit der ihnen eigenen Methode ermittelten empirischen Fakten und bereitgestellten Funktionsanalysen ausreichen, soziale Ordnungsprobleme zu lösen, Entscheidungsprioritäten aufzustellen und Gesellschaftsprozesse zu regeln. Im Grunde liefern sie sich jedoch mit dieser Selbsttäuschung einem Dezisionismus aus, überschreiten sie ihre Legitimationsbasis und laufen Gefahr, mit ideologischen Positionen verquickt zu werden.[35]

Infolgedessen wird mit Recht behauptet, daß ein Rückgriff der Sozialethik auf eine nicht empirische Grundsatzwissenschaft, auf philosophisch-theologische Einsichten, notwendig ist. Denn es ist gerade nicht ihre Aufgabe dezisionistisch Entscheidungen zu fällen, sondern argumentativ auf ein Menschen- und Gesellschaftsverständnis zu rekurrieren, d. h. aus der Reflexion über den Menschen und seine vorgegebenen Grundwerte, Grundsätze des sozialen Handelns aufzuweisen und zu rechtfertigen. Eine begleitende metaethische Kontrolle wird hier die Sozialethik vor einer Reduzierung auf die

---

[32] Vgl. J.-L. Lambert, aaO, 36.
[33] Vgl. C. Wiemeyer-Faulde, 16f.
[34] Vgl. J.-L. Lambert, aaO, 34f.
[35] Vgl. F. Furger, Christliche Ethik im Spannungsfeld von Individuum, Gruppe und Gesellschaft – das personale Ziel in der Verschiedenheit seiner Ansätze, in: Theologische Berichte XIV, Zürich-Einsiedeln-Köln 1985, 136.

empirischen Sozialwissenschaften, d. h. vor einem Naturalismus warnen.[36] So bleibt daher nichts anderes übrig, als den Kognitivismus in Form eines Intuitionismus mit allen Konsequenzen in der Sozialethik zu akzeptieren und zu fördern. Mit diesem Intuitionismus ist dann festzuhalten, daß er von der Evidenz sozialethischer Prinzipien ausgeht, die von der menschlichen Vernunft unmittelbar anerkannt werden und als universell einsehbar, geltend und kommunikabel erscheinen.

Der Intuitionismus in der Sozialethik stellt fest: Die Erkenntnis eines sozialethischen Anspruchs ist rational-intuitiv möglich, grundsätzlich unabhängig vom religiösen Glauben als einer praeter-rationalen Erkenntnisquelle. Damit wird weder die Erkennbarkeit der Sozialethik nur auf eine ethische Vernunfterkenntnis eingeschränkt, noch das für sie konstitutiv Theologische bzw. spezifisch Christliche dem Non-Kognitivismus zugeschrieben.[37] „In ihrer Evidenz erscheinen sie (die Sozialprinzipien) nicht exklusiv christlich, sondern der Vernunft entsprechend als Ordnung der Natur selbst ausgewiesen. Das muß jedoch nicht heißen, daß sie ohne Erhellung der Wirklichkeit durch den Glauben gefunden werden, wohl aber, daß sie hierdurch als Elemente jener Ordnung ausgewiesen sind, aus denen sie den Anspruch ihrer Vernünftigkeit gewinnen."[38] Das Theologische der Katholischen Soziallehre als Sozialethik besteht also nicht darin, daß sie zusätzliche Aussagen macht, die rational nicht einsichtig sind, sondern trägt dazu bei, dem natürlich Erkennbaren eine volle Plausibilität aus dem Glauben zu geben.

Diese erkenntnistheoretische These, die die Sozialethiker in der Katholischen Soziallehre vertreten und die metaethisch als Kognitivismus und Intuitionismus eingestuft wird, setzt eine ontologische These voraus. Sie heißt metaethisch Objektivismus, im Gegensatz zum axiologischen/deontologischen Nihilismus, der vom Emotivismus vorausgesetzt wird. Die ontologische These des sozialethischen Objektivismus in der deontologischen Variante lautet: das soziale Sollen ist eine existierende Realität, ontologisch als ein Sein-Sollen fundiert, das seine Fundierung im Sein des Menschen hat und in der Natur (im Naturrecht) begründet ist. Das wiederum bedeutet in einer axiologischen Variante der Sozialethik, daß die objektiv vorgegebenen und aufgegebenen Werte als Bestandteil der sozialen Wirklichkeit, denen Handlungsmöglichkeiten gegenüberstehen, erkannt und anerkannt werden.

Die Sozialethik in der Katholischen Soziallehre kann also ihren Intuitionismus ohne Einbeziehung metaphysischer Aussagen nicht rechtfertigen. Aussagen über den Menschen und seine Gesellschaftlichkeit sind vielmehr von größter Bedeutung für die Sozialethik, weil sie ihr die Objektivität garantieren. In diesem Sinne ist die Sozialethik eine Metaphysik der Moral oder – gleichgeltend – eine Anthropologie der Moral, die im Rekurs auf die Natur des Menschen ihre Letztbegründung findet. Aus metaethischer Sicht muß dann allerdings daran erinnert werden, daß „Natur" nicht die faktisch gegebene physische Verfaßtheit des Menschen bedeutet, die empirisch nachprüfbar meint, sondern daß die „Natur" als das dem Menschen vorgegebene Ziel und

---

[36] Vgl. die zutreffende Kritik von A. Rauscher, Die spezifische Leistung der Grundsatzwissenschaften im Hinblick auf die praktische Bewältigung gesellschaftspolitischer Fragen, aaO, 93–109.
[37] Vgl. C. Wiemeyer-Faulde, aaO, 177f.
[38] W. Korff, aaO, Sp. 1289f.

als sein Eigenwert normativ zu verstehen ist. Nur unter dieser Bedingung, daß der Begriff der Natur des Menschen normativ in der Sozialethik verwendet wird, erübrigt sich auch der Vorwurf eines Naturalismus (bzw. des naturalistischen Fehlschlusses).[39]

Aus der erkenntnistheoretischen These des Kognitivismus – Intuitionismus und der ontologischen These des Objektivismus in der Katholischen Soziallehre als Sozialethik ergibt sich folgerichtig dann eine weitere semiotische, logische und methodologische These, die ihre theoretische Autonomie bekräftigt. Zur semiotischen These gehört die Überzeugung, daß ihre Grundbegriffe, denen Designate a parte rei entsprechen (eine Behauptung gegen den Emotivismus), sich nicht mittels deskriptiver Ausdrücke definieren lassen (eine Behauptung gegen den Naturalismus). Diese Überzeugung muß aber nicht eo ipso die Position des Intuitionismus von der Undefinierbarkeit des Guten (der Grundwerte) übernehmen; vielmehr muß sie die Möglichkeit des Definierens der sozialethischen Grundbegriffe, ohne einen naturalistischen Verdacht gegen die Sozialethik erheben zu können, als analoge Begriffe erklären. Infolgedessen sind auch sozialethische Aussagen, d. h. Wertungen und Normen, logische Sätze, die entweder wahr oder falsch sind. Sie sind verifizierbar und können als wahr gelten. Ihr Wahrheitskriterium ist das rational-intuitiv erkennbare Sein-Sollen der sozialen Wirklichkeit. Damit ist aus Gründen der Logik zugleich eine Inferenz ausgeschlossen, das Sollen aus dem Sein, sozialethische Aussagen von empirischen Tatsachenaussagen abzuleiten. Die Sozialethik braucht nicht (was auch der Naturalismus nicht kann) zu erklären, wie aus Tatsachenaussagen Sollens-Aussagen werden können. Das oft im theoretischen Verfahren falsch angewendete Axiom „das Sollen gründet im Sein" bringt die Sozialethik leicht in den Verruf, sie scheine von dem „naturalistischen Fehlschluß" betroffen zu sein. Die notwendigen Verbindungen zwischen sozialethischen und philosophisch-metaphysischen bezüglich theologischen Aussagen in der Katholischen Soziallehre sind aber methodologisch mit Hilfe einer logischen Reduktion (nicht Deduktion) zu rechtfertigen, was dann einen „naturalistischen Fehlschluß" gerade vermeidet. Der Verdacht, daß die Sozialethik einem metaphysischen Naturalismus unterliegt, indem sie sich auf das Sein-Sollen der menschlichen Natur beruft, ist metaethisch also nicht haltbar; die „is-ought"-Inferenz ist bloß scheinbar. Dagegen scheint gelegentlich in der evangelischen Sozialethik ein theologischer Naturalismus feststellbar, der in Form eines Biblizismus glaubt, daß die normativen Sätze aus deskriptiven Sätzen, die Gott geoffenbart und in denen er einen bestimmten Sachverhalt geboten hat, folgen können. Ohne Zweifel wäre ein solches Verfahren durch einen „naturalistischen Fehlschluß" gekennzeichnet.

Im sozialethischen Diskurs sind also ein Verfahren der Explikation und ein Verfahren der Explanation zu unterscheiden, nicht aber zu trennen. Erst beide zusammen sind imstande, die Aufgaben der Sozialethik zu erfüllen. Zum einen analysiert sie nämlich das Phänomen der sozialen Wirklichkeit, beschreibt es definitorisch und klärt die sittliche Erfahrung des Menschen im gesellschaftlichen Leben. Zum anderen bemüht sich die Katholische Soziallehre als Sozialethik, im Verfahren der Erklärung der sozialethischen Forderungen um ihre metaphysische Begründung. Mit Hilfe anthropologischer Aussagen, d. h. mit dem Hinweis auf die Notwendigkeit eines personalistischen Menschenbil-

---

[39] Vgl. C. Wiemeyer-Faulde, aaO, 34–36.

des als Seinsgrund sollen ihre Forderungen ja argumentativ gerechtfertigt werden. Dazu gehört auch das ausreichende Ergründen des Sozialen im Licht des Evangeliums, was aber so zu geschehen hat, daß diese Argumentation auch über die christliche Glaubensgemeinschaft hinaus vermittelbar ist, und erst einer solchen „Unbeliebigkeitslogik" (W. Korff) kann der Geltungsanspruch der sozialethischen Aussagen entnommen werden.

Dennoch sind in der Katholischen Soziallehre als Sozialethik bedeutende Unterschiede in der Begründung festzustellen. Die Enzyklika „Rerum novarum" bietet mit ihrer Forderung eines Rechts auf privates Eigentum ein Beispiel für die methodologischen Differenzen, die eine Pluralität von Methoden in der Katholischen Soziallehre manifestiert: Wie oben gesagt beruft sich diese Enzyklika auf den Hl. Thomas und will dadurch den Eindruck erwecken, sie sei eine konsequente Fortführung und ungebrochene Wiedergabe seines Begründungszusammenhangs für das private Eigentumsrecht. H. B. Streithofen hat aber aus Anlaß des Jubiläums von RN im Anschluß an die geistesgeschichtlichen Untersuchungen von A. F. Utz[40] gezeigt, daß die lehramtliche Begründung nicht von Thomas stammt, sondern von einem anderen geistesgeschichtlichen Zusammenhang abhängt, der einen gewissen Bruch mit der thomasischen Tradition und ihrer systematischen Logik darstellt. Der bedeutende Unterschied in der Begründung besteht darin, daß die lehramtliche Begründung in der Enzyklika RN (und in der Folge aller päpstlichen Verlautbarungen) von dem Personenbegriff ausgeht und das Recht auf Privateigentum direkt aus dem Begriff der Person ableitet. Daraus ergibt sich für die Katholische Soziallehre als Sozialethik ein individueller, privater Ansatz. In dieser Betrachtungsweise steht das Individuum und seine Rechte im Zentrum, erst dann seine sozialen Pflichten.

Ansatz- und Ausgangspunkt von Thomas' sozialphilosophischem Denken ist dagegen das Gemeinwohl als das personale Wohl aller Mitglieder der Gemeinschaft. Hier ist also der Gemeinwohlbegriff und der Gemeinschaftszweck die Basisaussage und die oberste Prämisse beim Definieren und bei der Ableitung des Rechts auf materielle Güter. Erst danach folgt der Diskurs zum Individuum, das im Dienst des Gemeinwohls steht und nicht unabhängig von der Gemeinschaft verstanden werden kann. Nach der personalen Auffassung der Enzyklika „Rerum novarum" und in der modernen Denkweise werden die Glieder der Gemeinschaft vor allem als unabhängige Individuen, d. h. als individuelle Rechtssubjekte und Rechtsträger verstanden, die durch die Ausübung der Rechte nach der Vervollkommnung des eigenen Personseins streben. In erster Linie wird auf die Independenz der Einzelperson hingewiesen, die zwar eine Interdependenz und Kooperation zwischen den Menschen nicht ausschließt, sogar dem Gemeinwohl verpflichtet sind, aber dies funktioniert als ein Ordnungssystem, das die in der Person begründeten individuellen Rechte miteinander in Beziehung bringt. Streithofen vermutet, daß hinter dieser lehramtlichen Denkweise in der Enzyklika „Rerum novarum" und in der Betrachtungsweise in der Katholischen Soziallehre eine rationalistische Auffassung des Naturrechts (im Sinne von Ch. Wolff) steht, die zunächst die subjektiven Rechte der Individuen als Gesellschaftsmitglieder betont und erst

---

[40] A. F. Utz, in: Thomas von Aquin, Recht und Gerechtigkeit, Theologische Summe II–II, Fragen 57–79, Nachfolgefassung vom Bd. 19 der Deutschen Thomasausgabe, Bonn 1987.

von da aus auf ihre soziale Verpflichtung und Mitverantwortung hinweist. Die gleiche individuumzentrierte Tendenz ist mit der Menschenrechtserklärung in der Katholischen Soziallehre aufgenommen worden. Aus der postkommunistischen und prokapitalistischen Perspektive kann man daher Streithofens Kritik zustimmen, in der es heißt, daß die Forderung nach der sozialen Marktwirtschaft dieser individualistischen Option unterliegt. Infolgedessen ergeben sich dann die sozialen Verpflichtungen als Klammer einer gerechten und ökologisch orientierten Wirtschaftsordnung, aus der empirischen Erfahrung und aus pragmatischen Zwängen der Politik, d. h. sie resultieren erstentscheidend nicht aus der theoretischen Betrachtungsweise des Personseins des Menschen.

VI. Schluß

Die faktische Pluralität von Methoden in der Katholischen Soziallehre als Sozialethik, wie die Vielfalt von Interpretationen ihrer klassischen Argumentationsstrategien, ist zuerst eine Feststellung aus metaethischer Reflexion. Zugleich ist sie aber auch eine dringende Herausforderung zu deren Vertiefung. Metaethik ist in Bezug auf die Katholische Soziallehre als Sozialethik ihre theoriekritische Selbstbespiegelung, ohne alle Selbstgenügsamkeit. Sie ist ein Erfordernis der Sozialethik schlechthin. Ihr Sinn und ihre Entwicklung sind notwendig mit dem methodologisch verantwortlichen Aufbau der Sozialethik verbunden. Eine befruchtende Theorie der Sozialethik kann sie freilich nur dann sein, wenn die Sozialethik selbst dynamischer betrieben wird.

OTFRIED HÖFFE

Christliche Sozialethik im Horizont der Ethik der Gegenwart, zum Beispiel Menschenrechte

Die mir vorgeschlagenen Titelworte „Christliche Sozialethik" und „Ethik der Gegenwart" sind sehr weitläufig. Um der Gefahr zu entgehen, über vieles zu sprechen und wenig zu sagen, schränke ich das Thema stark ein. Über die Wirtschaftsethik hat man schon referiert. Ein zweites Thema ist inzwischen so speziell geworden, daß man es unter „Sozialethik" kaum noch subsumiert; ich meine die Ethik von Sexualität, Ehe und Familie. Behandeln will ich deshalb einen dritten Bereich, den von Recht und Staat.

Der Ausdruck „Ethik" hat bekanntlich eine doppelte Bedeutung; er meint sowohl die Moral und Sittlichkeit wie deren philosophische oder theologische Reflexion. In beiden Hinsichten spielen, auf Recht und Staat bezogen, die Menschenrechte eine besondere Rolle; in diesem Rechtsinstitut nämlich erhält das sittlich-politische Bewußtsein des Abendlandes seine paradigmatische Gestalt. An diesem Beispiel frage ich, wo denn die christliche Sozialethik im Horizont der Ethik der Gegenwart, und zwar der jeweiligen Gegenwart, steht.

I. Ein Drama in fünf Akten

Nach einem weit verbreiteten Topos entwickelt sich die Idee der Menschenrechte aus dem Mit- und Gegeneinander von jüdisch-christlicher Offenbarung und griechisch-römischem Denken. Insbesondere gehöre zu den Menschenrechten ein Leit- und Sinnbegriff, und dieser, die Menschenwürde, sei ganz wesentlich christlich inspiriert.[1] Träfe diese Ansicht zu, derzufolge das Christentum zu den Menschenrechten ein im wesentlichen affirmatives Verhältnis einnimmt, dann müßten die Menschenrechte genau das leisten, was mein Thema erwarten läßt: in der rechts- und staatsethischen Debatte der jeweiligen Gegenwart redet die christliche Sozialethik ein kräftiges Wort mit. Die tatsächliche Entwicklung ist anders verlaufen. Komplexer ist sie, auch spannender; ich erzähle sie als Drama in fünf Akten. Jeder dieser Akte, das versteht

---

[1] Vgl. E. W. Böckenförde – R. Spaemann (Hg.), Menschenrechte und Menschenwürde. Historische Voraussetzungen – säkulare Gestalt – christliches Verständnis, Stuttgart 1987; W. Kasper, Die theologische Begründung der Menschenrechte, in: D. Schwab u. a. (Hg.), Staat, Kirche, Wissenschaft in einer pluralistischen Gesellschaft. Festschrift zum 65. Geburtstag von Paul Mikat, Berlin 1989, 99–118. Für die Menschenrechtsbegründung auf reformierter Seite vgl. W. Huber / H. E. Tödt, Menschenrechte, Perspektiven einer menschlichen Welt, Stuttgart 1977.

sich von selbst, besteht aus mehreren Szenen; die entsprechenden Differenzierungen muß ich hier, leider, übergehen.

Der *erste Akt* gibt die Aufgabe vor. Das Christentum schafft – freilich nicht allein – jene Probleme, zu deren Lösung das Rechtsinstitut der Menschenrechte notwendig wird. Die Aufgabe stellt sich in vielfältiger Form dar, weshalb auch die Menschenrechte im Plural existieren. Einmal konkurrieren verschiedene Konfessionen um den Anspruch auf das wahre Christentum; daraus entsteht später die Religionsfreiheit, in konfessionell homogenen Staaten noch später. Als zweites kann der Versuch, den eigenen Wahrheitsanspruch durchzusetzen, mit dem Überlebensinteresse rivalisieren, weshalb ein weiteres Menschenrecht nötig wird: die Integrität von Leib und Leben. Der Friedenssaal dieser Stadt Münster erinnert an eine dritte Aufgabe: der Dreißigjährige Krieg macht Deutschland zum Kriegsschauplatz auch außerdeutscher Mächte; damit steht schon in der Alten Welt ein Recht auf dem Spiel, das in der Neuen Welt, durch deren Kolonialisierung, noch kräftiger verletzt wird: das der politischen und kulturellen Selbstbestimmung.

Aufgrund dieser und weiterer Aufgaben entwickelt sich jene Sozialethik, die bis heute den Horizont der Gegenwart mitdefiniert. Getragen wird diese Sozialethik von der Rechtsphilosophie der Aufklärung. Der Vorläufer einer christlichen Sozialethik, das christliche Gedankengut, fließt zweifelsohne in die Aufklärungsphilosophie ein. Insbesondere die erste Formulierung der Menschenrechte, die *Virginia Bill of Rights* (1776) ist vom Geist christlicher Aufklärung mitinspiriert. Trotzdem darf man sich nicht täuschen; die entscheidenen Begriffe lauten nicht so, wie man sie heute gern liest; sie heißen nicht: Gottebenbildlichkeit oder Bewußtsein vom unendlichen Wert der Einzelseele. Selbst derjenige Begriff, auf den sich namentlich das deutsche Menschenrechtsdenken beruft, der der Menschenwürde, reicht zwar weit in die Anfänge christlichen Denkens zurück, denn den Begriff verwenden schon die Kirchenväter, etwa Ambrosius, später so bedeutende Theologen wie Bernhard von Clairvaux und Thomas von Aquin. Den ersten Beleg finden wir jedoch außerhalb des Christentums, bei Cicero, der sich dabei stoischen Überlegungen anschließt.[2]

Noch wichtiger als diese begriffsgeschichtliche Erinnerung ist eine systematisch bedeutsame Beobachtung; die Menschenwürde ist kein für die Rechtsethik spezifischer Begriff. Deutlich zeigt es sich auf dem Höhepunkt der Aufklärungsethik bei Kant. Bei ihm erscheint der Begriff in der *Grundlegung zur Metaphysik der Sitten*, also in jener Schrift, die sich von ihrer Aufgabe her ebenso auf die Tugendethik wie die Rechtsethik bezieht. In der tatsächlichen Durchführung dieser Aufgabe gibt Kant den tugendethischen Aspekten sogar deutlich den Vorrang. Kant spricht dem Menschen hier insoweit Würde zu, als er zur Sittlichkeit fähig ist: „Also ist Sittlichkeit und die Menschheit, sofern sie derselben fähig ist, dasjenige, was allein Würde hat".[3] Daß aus dieser Fähigkeit folgt, was für die Idee der Menschenrechte unverzichtbar ist, nämlich ein

---

[2] Zur (Kurz-) Geschichte des Begriffs vgl. R. P. Horstmann, Art. Menschenwürde, in: Historisches Wörterbuch der Philosophie, Bd. V, Sp. 1124–1127. – Zur neueren deutschsprachigen Debatte vgl. W. Maihofer (Hg.), Rechtsstaat und menschliche Würde, Frankfurt/M. 1968; E. Benda, Die Menschenwürde, in: ders. u. a., Handbuch des Verfassungsrechts der Bundesrepublik Deutschland, Berlin–New York 1983, Teil I, S. 107–128.

[3] Akademieausgabe Bd. IV, S. 435.

subjektives Recht, in der menschlichen Würde geachtet zu werden, berücksichtigt Kant nicht im entferntesten. Jenen inneren Wert, der „Würde" bedeutet, spricht Kant nicht subjektiven Rechten zu, sondern im Gegenteil (moralischen) Pflichten. Als Beispiele führt er an: „Treue im Versprechen, Wohlwollen aus Grundsätzen (nicht aus Instinkt)."[4] Nach Kant handelt es sich bei der Menschenwürde um etwas, das wir zuallererst durch die eigenen moralischen Leistungen unter Beweis stellen müssen, und nicht um einen Anspruch, deren Anerkennung uns die anderen schulden. Die Begriffe, die innerhalb der Aufklärungsphilosophie für die Begründung der Menschenrechte tatsächlich einschlägig sind, erheben von ihrem Gehalt her einen weit geringeren Anspruch. Sie lauten: Naturzustand, Gesellschaftsvertrag, ferner statt Wert der Einzelseele oder Menschenwürde lediglich: Handlungsfreiheit, außerdem Wechselseitigkeit bzw. Goldene Regel. Keines dieser Elemente widerspricht dem christlichen Denken, dafür spezifisch sind sie aber auch nicht. Deshalb können wir uns diesem Schluß nicht entziehen: im ersten Akt gibt das Christentum – wie gesagt: nicht allein, aber immerhin auch – die Aufgabe vor; teils wegen seines Wahrheitsanspruches, teils wegen seines Missionsinteresses trägt es mit dafür Verantwortung, daß sich Menschen gegenseitig bedrohen; das Christentum mitdefiniert die voretische Herausforderung, die challenge der Menschenrechte, nicht dagegen die ethische response, die Menschenrechte selbst.

Diese Beurteilung fällt mit wenigen Ausnahmen für die reformierten und katholischen Territorien in etwa gleich aus. Die jeweils Andersgläubigen werden verfolgt oder mit Gewalt zum Glaubensübertritt oder aber zur Auswanderung gezwungen. Für die Religionsfreiheit setzen sich fast nur Minderheiten ein, die sich in der Regel vordringlich nur für die eigenen Belange engagieren. Daß man sich für die Rechte anderer einsetzte, bleibt wenigen Einzelgängern vorbehalten; zur seltenen Ausnahme derer, die sich beispielsweise für die Indianer verwendeten, gehören in Südamerika Bartholomé de las Casas und in Neu-England Roger Williams.

Der *zweite Akt* liegt noch gar nicht solange zurück und ist uns geistig doch so fern wie eine fremde Epoche. Zwischen den Menschenrechten und dem Christentum – zumindest dessen dominierenden Stimmen – kommt es zu einem heftigen Zusammenstoß. Einer der Gründe: daß sie für die neuen Aufgaben mitverantwortlich gewesen sind, sehen die Kirchen nicht. Der französische Klerus begrüßt zwar zunächst die *Declaration des droits de l'homme et des citoiyens*; auf kirchenamtlicher Seite, man könnte sagen in der Papstkirche, setzt sich jedoch rasch die Ablehnung durch. Man berücksichtigt nicht, daß die Lösung der von der Kirche mitverantworteten Aufgaben – zumindest im Fall der Religionsfreiheit, aber auch im Fall der kulturellen Selbstbestimmung – naheliegenderweise gewisse kirchenkritische Elemente enthält. Die Ablehnung fällt deutlich genug aus: ich erinnere lediglich an einige der einschlägigen päpstlichen Verlautbarungen: Bald nach der Menschenrechtserklärung der Französischen Revolution, am 13. 3. 1791, veröffentlicht Papst Pius VI. das Breve „Caritas", das viele Generationen der Entfremdung einleitet. Ob wir später das Rundschreiben Gregors XVI. lesen „*Mirari vos*" (5. 8. 1839) oder noch später, wir sind inzwischen im Jahr 1864, von Pius IX. *Quanta cura* und den *Syllabus* – all diese Texte übergehen nicht nur die christlichen Elemente

---

[4] Ebd.

der amerikanischen Erklärungen. (Unter den Gründern der Vereinigten Staaten von Nordamerika herrschten freilich jene „Minderheitschristen" vor, die aus Großbritannien und dem Alten Kontinent wegen der religiösen Intoleranz der jeweils herrschenden Konfessionen fliehen mußten.) In ihren Verlautbarungen erinnern sich die Päpste auch nicht daran, daß es ein Theologe, Francisco de Vitoria, war, der in seinen Vorlesungen die spanische Kolonialpolitik einer Kritik unterzog, in diesem Zusammenhang und fast ein Jahrhundert vor Hugo Grotius wesentliche Grundlagen des modernen Völkerrechts entwickelte und dabei genau von jenen Prinzipien ausging, aus denen sich die Menschenrechte rechtfertigen, denn Vitoria berief sich auf die Prinzipien der Gleichheit und der Gleichberechtigung aller Menschen und Völker.

Statt sich also auf die menschenrechtsaffirmativen Elemente der eigenen Tradition zu besinnen, fixiert man sich auf jene antikirchlichen Elemente, die in der französischen Menschenrechtserklärung eigentlich sogar unnötig waren. Etwas voreilig schließen sie sich der konservativen Revolutionskritik generell an. Vor allem verschließen sie die Augen vor dem, was die konfessionellen Bürgerkriege unvermeidbar machte; zur Glaubens-, Gewissens- und Religionsfreiheit erklären sie sich nicht bereit. Noch der Papst, dem die katholische Soziallehre tiefgreifende Veränderungen verdankt, jener Papst, zu dessen Sozialenzyklika überall in der katholischen Welt in diesem Jahr Feiern und Symposien stattfinden, also Leo XIII., sieht in den Menschenrechten einen Geist des Umsturzes am Werk, einen Geist, den er bis auf die Reformationszeit zurückführt (*Immortale Dei*, 1. 11. 1885).

Von der eigentlich doch unnötigen pauschalen Verurteilung des „Geistes der Moderne" bleibt auch der Protestantismus nicht verschont, obwohl sich der Philosoph am liebsten an die große Begeisterung erinnert, mit der Denker wie Kant, Fichte, Schelling, Hölderlin und Hegel die Französische Revolution begrüßten. Der überwiegende Teil des deutschen Protestantismus verharrt jedoch in „traditioneller Distanz zu den Menschenrechten".[5] Aus einer Vielzahl von Gründen: aus Mißtrauen gegen die rationalistisch-optimistische Grundeinstellung der Aufklärung, aus Empörung über die Wende, die die Französische Revolution nimmt, und nicht zuletzt weil man den christlichen Hintergrund der amerikanischen Menschenrechtserklärungen mißachtet, sondert sich der deutsche Protestantismus von der westeuropäischen Freiheits- und Menschenrechtsentwicklung ab.

Lehnt im zweiten Akt die christliche Sozialethik die Ethik der Menschenrechte unverhohlen ab, so tritt sie im *dritten Akt* in deren Horizont ein. Nach und nach erarbeitet man sich den positiven Gehalt der Menschenrechte. Erst hier geschieht, was der Vortragstitel für selbstverständlich hält, aber keineswegs der Fall ist: Hinsichtlich der Rechtsethik braucht die christliche Sozialethik zwei bis drei Jahrhunderte, bis sie tatsächlich in den Horizont der Ethik ihrer Gegenwart eintritt.

Da und dort gibt es zwar Antizipationen; so spricht im Zusammenhang von Menschenrechten Papst Leo XIII. gelegentlich auch von Menschenpflichten, etwa in der Enzyklika *Rerum novarum*. Trotzdem findet an den Menschenrechtsgedanken eine deutliche Annäherung erst viel später, in der Weihnachtsbotschaft über Demokratie und Weltfrieden statt, die Pius XII. am

---

[5] W. Huber / H. E. Tödt (Anm. 1), S. 45–55.

24. 12. 1944 verkündet. Und selbst dann warten wir noch fast zwei Jahrzehnte, bis vom kirchlichen Lehramt die erste große Menschenrechtserklärung verkündet wird. Seit dem aber, seit der Enzyklika *Pacem in terris* (11. 4. 1963) von Johannes XXIII., bilden die Menschenrechte einen unverzichtbaren Bestandteil der christlichen, zumindest der katholischen Sozialethik. Dabei übernimmt die Kirche im wesentlichen den Menschenrechtskatalog, den die Allgemeine Erklärung der Vereinten Nationen von 1948 vorgibt. Zugleich wendet sie sich gegen die Gefahr einer liberalistischen Einengung; an die Stelle eines Übergewichts der persönlichen Freiheitsrechte tritt die Gleichberechtigung der Sozialrechte mit den Freiheitsrechten. Hinsichtlich des Reformierten Weltbundes und des Ökumenischen Rates der Kirchen gilt ähnliches erst für die siebziger Jahre. Auch hier folgt der Weg im wesentlichen demselben Muster; nach einer Phase der scharfen Kritik führt er über eine Phase zurückhaltender Beurteilung schließlich zur Anerkennung, ja sogar zur enthusiastischen Verteidigung jenes Rechtsinstitutes, das die politisch-sittliche Errungenschaft der Neuzeit darstellt, eben der Menschenrechtsidee.

Im *vierten Akt* – zweites Vaticanum, Papst Paul VI. und Papst Johannes Paul II. – werden die Menschenrechte in die Sozialethik mehr und mehr inkorporiert. Am Ende findet fast eine Horizontverschmelzung statt. Hinsichtlich der Menschenrechte schließt sich – mit einigen charakteristischen Akzentsetzungen – die christliche Sozialethik der neuzeitlichen Rechtsethik an. Außerdem entdecken die katholische Kirche und die Reformierten eine Gemeinsamkeit; den Menschenrechten, das soll man nicht unterschätzen, gelingt, was zur großen Enttäuschung andernorts mißlingt: sie werden zu einem wichtigen Bestandteil der Ökumene.

Der *fünfte Akt* schließlich bleibt noch zu schreiben. Ein katholischer Soziologe, deutschsprachig, aber nicht Deutscher, sagte einmal: Nach der Perestroika und der Befreiung der ostmitteleuropäischen Länder gebe es in der Welt nur noch eine Institution, die – man muß diese Eigenschaft wörtlich, also relativ neutral hören – „totalitär" sei. Persönlich würde ich eine andere, deutlicher neutrale Charakterisierung vorziehen. Darauf kommt es aber nicht an. Der fünfte und noch offene Akt fordert, daß die Kirchen, was sie sich vorgenommen haben, tatsächlich einlösen. Papst Johannes Paul II. hat es vor den Mitgliedern der S. Rota Romana, also immerhin vor dem höchsten Gerichtshof der katholischen Kirche, betont (12. 7. 1979): die Kirche, die ja selber eine soziale Institution ist, wolle für alle anderen Institutionen ein „speculum iustitiae" sein, ein Spiegel der Gerechtigkeit. Dieser Vorsatz heißt: die Menschenrechtsidee ist auf die Kirche selbst anzuwenden. Hier tragen ein gerüttelt Maß an Verantwortung wir, die Sozialethiker. Es ist unsere Aufgabe, darüber nachzudenken, welcherart soziale Institution die Kirche denn ist: Worin unterscheidet sie sich von gewöhnlichen Institutionen, worin bleibt sie ihnen gleich? Und die weitere Frage: Was folgt aus dem einen, der Gleichheit, was aus dem anderen, der Differenz, für die Anwendung der Menschenrechte auf die Kirche selbst? Allzu leicht sollten wir es uns nicht machen, wegen der charismatischen Sendung der Kirche sie von der elementaren Selbstapplikation der Menschenrechtsforderungen freizustellen.

II. Theologische Schwierigkeiten

Die Geschichte dieses Dramas schreibt nicht der Philosoph, vielmehr der Historiker, dessen einschlägige Studien wir kennen.[6] Der Philosoph fragt sich jedoch, wie konnte es geschehen, daß ein Rechtsinstitut, das heute in einem Atemzug mit dem Christentum genannt wird, viele Generationen lang als unchristlich angesehen werden konnte, ja sogar als antichristlich. Eine erste Antwort liegt auf der Hand: Zuständig sind zeitbedingte Befangenheiten. Diese Antwort kann manches erklären, bleibt am Ende aber doch unbefriedigend. Denn Schwierigkeiten mit dem, was wir heute die Menschenrechte nennen, hatte die Kirche schon früher, und tatsächlich die Kirche im Singular, also das vorreformatorische Christentum. Ich nenne zwei Belege.

Der eine Beleg: Seit dem 13. Jahrhundert gibt es in Europa eine Fülle von Rechtserklärungen jenes Typs, den wir von der Magna Charta Libertatum und der Goldenen Bulle Andreas II. von Ungarn kennen. Diese Erklärungen, Freiheitsbriefe, werden in christlichen Staaten und von christlichen Herrschern ausgefertigt. Trotzdem sprechen sie die Freiheiten nicht dem Menschen als Menschen zu; sie räumen die Freiheiten nicht einmal jedem Christenmenschen ein.

Der andere Beleg: Der Grund- und Kerngedanke der Menschenrechte liegt in der Idee der Gleichberechtigung. Dieser Idee eklatant entgegengesetzt ist das Rechtsinstitut der Sklaverei; eine Diskussion um die Menschenrechte findet dort statt, wo über das Institut der servitudo – überpointiert: über die Sklaverei – debattiert wird. Das geschieht z. B. im 13. Jahrhundert. Und hier finden wir Theologen, sagen wir – etwas anachronistisch – christliche Sozialethiker im Horizont ihrer Gegenwart. Das, was damals fleißig praktiziert wurde, namentlich gegenüber einer Gruppe von Völkern, die lange vorher dem Institut der Sklaverei den Namen gibt, gegenüber den Slawen nämlich, wird theologisch legitimiert.[7]

Wir können hier nicht alle Argumente untersuchen; wir begnügen uns mit einem einzigen Legitimationsgrund, dem der Erbsünde. Für diesen Grund ist nun typisch, daß er zum einen genuin christlich ist, zum anderen, was er legitimieren soll, gar nicht legitimieren kann, und zwar grundsätzlich nicht. Denn die Sklaverei unterscheidet den einen Menschen von dem anderen; hinsichtlich der Erbsünde ist dagegen jeder gleich. Mit der Erbsünde ließe sich behaupten, daß wirklich frei kein Mensch, dann aber kein einziger sei. Damit bleibt genau das gewahrt, was die Sklaverei als Rechtsinstitut aufhebt: die Gleichheit der Menschen. Anders formuliert: auch die Gleichheit der Erbsünde ist eine Gleichheit; sie spricht, wenn sie als Rechtsargument überhaupt taugt, zugunsten der Menschenrechte.

Das Argument der Erbsünde, daß schon argumentationslogisch gesehen fehlerhaft ist, nenne ich einmal den Widerspruch von theologischer Gleichheit und rechtlicher Ungleichheit. Hier stellt sich wiederum die Frage: Warum entgeht den Theologen, und das heißt doch: den zu ihrer Zeit führenden

---

[6] Vgl. u. a. H. Maier, Revolution und Kirche. Zur Frühgeschichte der christlichen Demokratie, 5. Aufl. Freiburg i. Br. 1988; O. Höffe, Die Menschenrechte in der Kirche, in: Handbuch der christlichen Ethik, Bd. III: Freiburg i. Br. u. a. 1982, 236–255.

[7] Die Belege bei Ch. Flüeler, Rezeption und Interpretation der aristotelischen Politica im 13. und 14. Jahrhundert: Studien, Texte, Quellen, Freiburg i. Ü. 1991.

Intellektuellen, immerhin Denkern vom Rang eines Thomas von Aquin und eines Duns Scotus, das non sequitur: daß ein Rechtsinstitut, das diskriminiert – sei es auf die eklatante Weise der römischen Sklaverei oder aber auf die abgeschwächte Form der servitudo – sich nicht auf eine Eigenschaft berufen kann, der die diskriminatorische Kraft per definitionem fehlt: auf eine Gleichheit?

Eine erste Antwort sagt wieder: zeitbedingte Befangenheit. Im 13. Jahrhundert wird jener Text rezipiert, der die Sklaverei bekanntlich verteidigt; es ist Aristoteles' *Politik*. Also, könnte man sagen, hatten die Theologen jener Zeit die Aufgabe, mit dieser Verteidigung sich auseinanderzusetzen. Diese Aufgabe erklärt aber nicht, warum man die Sklaverei, statt sie zu legitimieren, nicht eher im Namen christlicher Gleichheit verwirft. Dazu kommt, daß Aristoteles den Fehler der Theologen gar nicht begeht. Für die Sklaverei, mithin eine Ungleichheit, beruft er sich, was mindestens metaethisch gesehen richtig ist: auf eine Ungleichheit unter den Menschen; im Fall der Sklaven liege ein derart hohes Maß an intellektueller Defizienz vor, daß sie um ihres eigenen Interesses Willen einen Herrn bräuchten.

Wir wissen, daß der Widerspruch von theologischer Gleichheit und rechtlicher Ungleichheit weit zurückreicht, bis zu den Quellen des Christentums. Ich bin nicht Exeget, spreche also – mit der Bitte um Nachsicht – als Amateur. Die noch vorchristliche, die alttestamentliche Variante: Geschaffen sind von Gott alle Menschen gleich, auserwählt sind aber nur wenige, die Mitglieder eines einzigen Volkes. Die im jüdischen Denken, in der Annahme eines speziellen Bundes enthaltene Diskriminierung ist nicht mehr negativer, sondern positiver Natur; es liegt ein Privileg vor, das allerdings in seiner charismatischen Interpretation einen äußerlichen Ethnozentrismus überwindet. Gleichwohl handelt es sich um ein Privileg, das zur Schöpfungsgeschichte nicht im Widerspruch, aber doch in einer Spannung steht. Nennen wir es das Paradox des Buches *Genesis*: Hinsichtlich der Menschenrechte enthält es im ersten Teil eine Begründungskraft, die im zweiten Teil abgeschwächt wird; das Privileg des Bundes relativiert die Gleichheit der Schöpfung.

Wir müssen noch weiter gehen. Der Begriff des Bundes gehört in die Rechtssphäre, die bloße Schöpfungsgeschichte noch nicht. Diesen Punkt übersieht eine christliche Sozialethik, die neuerdings, seit dem dritten Akt unseres Dramas, für die Menschenrechte relativ umstandslos auf die Schöpfungsgeschichte sich beruft: Diese Geschichte erzählt von der Gleichheit aller Menschen und von ihrer großen Würde, der Gottebenbildlichkeit. Nun findet sich der Gedanke einer ursprünglichen Gleichheit aller Menschen in so gut wie allen Schöpfungsgeschichten. Für die *Genesis* spezifisch ist nicht so sehr die Gleichheit, als der Versuch, trotz der ursprünglichen Gleichheit eine Ungleichheit, eben den besonderen Bund, zu begründen. Allerdings finden wir den analogen Versuch in vielen der alten Kulturen wieder.

Noch einmal: Die bloße Gleichheit, und sei sie noch so würdereich, ist von unserem Rechtsinstitut noch weit entfernt. Ob es Menschenrechte gibt, entscheidet sich erst, wenn beim Eintritt in die Rechtssphäre der Gleichheitsgedanke nicht wie ein Meteor verglüht, vielmehr aufrechterhalten bleibt. Für die Menschenrechte reicht nicht irgendeine Gleichheit aus, es bedarf einer Gleichheit mit Rechtskraft.

Hinsichtlich dieser Aufgabe leistet nun das Neue Testament eine Annäherung und zugleich ein Sich-Entfernen. Die große Annäherung: die positive

Diskriminierung verliert jegliche ethnozentrische Begrenzung; offen steht der Bund mit Gott jedem Mensch; das Privileg erhält eine universale Reichweite. Die Texte sind sattsam bekannt: Im ersten Korintherbrief (12,13) sagt Paulus, daß alle durch *einen* Geist getauft sind. Deshalb, heißt es im Schreiben an die Galater (3,28) und an die Kolosser (3,11 und 4,7), werde jeder Unterschied hinfällig: der zwischen Juden und Nichtjuden, der zwischen Sklaven und Freien, nicht zuletzt der zwischen Mann und Frau; denn, sagt Paulus, „alle seid ihr eins in Christus Jesus". Für die Menschenrechte liegt hier der große Wert des Christentums: jene, die seit der Schöpfungsgeschichte gegenwärtige, durch den Gedanken der Auserwählung aber relativierte Gleichheit wird mit allem Nachdruck aufgenommen und bekräftigt.

Wie weit reicht aber die Bekräftigung? Das Begleitschreiben, das Paulus dem entlaufenen Sklaven Onesimus mitgibt, spricht aus, worauf sich eine menschenrechtsaffirmative Theologie allein berufen wird; es bittet Philemon, Onesimus zu behandeln „ouketi hos doulon alla hyper doulon adelphon agapeton", also „nicht (mehr) wie einen Sklaven sondern... wie einen geliebten Bruder". Was der Geist der Menschenrechte fordert, nämlich die Institution der Sklaverei zumindest in diesem einen Fall, also exemplarisch aufzuheben, mithin Onesimus freizulassen, das verlangt Paulus nicht. Dasselbe kennen wir für das Verhältnis von Mann und Frau, und hier in der Kirche bis heute: die Einheit der Taufe verträgt sich mit kräftigen Rechtsungleichheiten sehr wohl. Liegt deshalb ein Widerspruch vor?

III. Caritas kontra lex?

Das, was „christliche Sozialethik" im ursprünglichen Sinn meint, die Ethik des Samariter-Gleichnisses und der Bergpredigt, erkennt Paulus ausdrücklich an: Philemon soll ja Onesimus wie einen geliebten Bruder behandeln. Paulus tut auch, was zu dieser Art von Sozialethik gehört; er spricht das Sollen nicht etwa als eine Forderung aus, deren Erfüllung dem Sklaven geschuldet sei; das Wort, das er an Philemon richtet, besteht in dem, was auf eine nichtgeschuldete, auf eine verdienstliche Pflicht hindeutet; Paulus äußert eine Bitte.

Es gibt unter den Menschen eine Tendenz, die so weit verbreitet ist, daß ich schon von einer anthropologischen Gefahr spreche. Sie tritt in negativen wie positiven Varianten auf: die Gefahr der Diskriminierung der Anderen. Gegen sie verteidigt das Christentum den Gedanken einer universalen Gleichheit jetzt wirklich eines jeden Menschen. Warum entsteht die Idee der Menschenrechte trotzdem nicht? Ich kann nur die Vermutung äußern: Weil die hier einschlägige Gleichheit wieder nicht in die Rechtssphäre gehört, ihr nicht angehörig ist sie jedoch auf eine von der *Genesis* abweichende Weise. Die Schöpfungsgeschichte enthält eine *vor*rechtliche Gleichheit, das Neue Testament die *nach*rechtliche Gleichheit. Die Universalisierung der Möglichkeit, auserwählt zu sein, verbindet sich mit einer Ent-Rechtlichung der Begriffe „Bund" und „Auserwählung".

Deshalb erliegen dem obengenannten Widerspruch zwar die Theologen des 13. Jahrhunderts, aber weder Paulus noch die anderen Texte des Neuen Testaments. Die Menschenrechte gehören zu einer anderen Ethik: nicht zum neutestamentlichen Gesetz der Liebe, sondern zu dem eher alttestamentlichen Gesetz der Gerechtigkeit; eine Sozialethik, die genuin christlich sein will, entfaltet sich als Liebesethik, dagegen bilden die Menschenrechte den Kern einer Rechtsethik.

Ein Ärgernis bleibt es trotzdem: daß ein Rechtsinstitut, das den Menschenrechten eklatant widerspricht, von der christlichen Sozialethik zunächst, im Falle Paulus', toleriert, später im 13. Jahrhundert, sogar legitimiert wird. Wo genau liegt das Ärgernis? Die Antwort hängt von dem Verhältnis ab, in dem eine Liebesethik zur Rechtsethik steht. Rein formal gesehen, sind mindestens drei Möglichkeiten denkbar: Die Liebesethik kann erstens gegen die Rechtsethik disparat sein, sie kann zweitens die Rechtsethik entwerten oder aber, drittens, sie überbieten. Im ersten Fall, dem der Heterogenität, würde die christliche Ethik zum Thema Menschenrechte schweigen; von einem Ärgernis könnte keine Rede sein. Im zweiten Fall, dem der Entwertung, würden die Menschenrechte durch eine Liebesethik an Rang und Gewicht verlieren.

In der Bergpredigt – ich folge Matthäus (5,21f.) – heißt es: „Ihr habt gehört, daß zu den Alten gesagt wurde: ‚Du sollst nicht töten'... Ich aber sage euch: Ein jeder, der seinem Bruder zürnt, soll dem Gericht verfallen sein." Aus der Wendung „ich aber sage euch" wird von großen Theologen, und dies seit den Anfängen des Christentums, gern auf eine Antithese von Altem und Neuen Gesetz geschlossen. Nun bildet das Tötungsverbot einen Kernbestand der Rechtsethik; in der Sprache der Menschenrechte sagt man: Integrität von Leib und Leben. Die Anerkennung dieses Rechtes hält Jesus für selbstverständlich. Die Wendung „ich aber sage euch" ist eine rhetorische Figur der Pointierung; in der Sache geht es um eine Verschärfung der Forderung. Die Bergpredigt folgt also dem dritten Modell, dem des Überbietens: das Gesetz der Liebe entwertet das Alte Gesetz, gewiß; dies geschieht aber nicht in dem Sinn, daß das Neue Gesetz Augustinus' Wort „dilige et fac quod vis" mißversteht und erlaubt, was das Alte Gesetz verbietet. Im Gegenteil: statt lediglich nicht töten zu dürfen, darf man dem Bruder nicht einmal zürnen; das Gesetz der Liebe verschärft, was schon vom Alten Gesetz moralisch gefordert ist. Und die Verschärfung erfolgt in zweierlei Hinsicht; einmal, materialiter, werden Mehrleistungen verlangt; zum anderen, formaliter, ist das zu Leistende nicht aus externen Gründen, sondern um seiner selbst willen zu tun.

IV. Aufgaben der Christlichen Sozialethik heute

Was folgt aus unseren Beobachtungen für eine christliche Sozialethik heute? Ich sehe eine stolze Reihe von Gesichtspunkten; jeder von ihnen müßte freilich genauer ausgearbeitet und in Auseinandersetzung mit naheliegenden Einwänden sowohl geschärft wie gehärtet werden.

Vorab: Die Sozialethik könnte einmal innehalten und über ihr Epitheton „christlich" so gründlich nachdenken, wie in den 30er Jahren diskutiert wurde über den Begriff einer „christlichen" Philosophie. Sie erinnern sich der Vorträge von Jacques Maritain (1931), Etienne Gilson (in den „Gifford Lectures" über den „Geist der mittelalterlichen Philosophie"), Emile Bréhier und Aimé Forest. Die Vorträge provozierten heftige Kontroversen, zu denen im schweizerischen Freiburg Stellung nehmen erst Gallus M. Manser (1936), dann im selben Jahr sein Mitbruder und Kollege Marc de Munnynck. Mansers Votum war unmißverständlich klar. Weil die Philosophie reine Vernunftswissenschaft sei, widerspreche sich selbst, wer von einer im inhaltlichen Sinn spezifisch christlichen Philosophie rede. Analoges könnte für die Sozialethik gelten, insbesondere für eine Ethik der Menschenrechte. Das, was die Menschen einander nicht etwa großzügig schenken, was sie einander vielmehr schulden, ist mit dem Christentum sehr wohl verträglich; für es spezifisch kann es nicht sein.

Ein zweites: Die Menschenrechte bilden den Kern dessen, was im Neuen Testament das Alte Gesetz heißt und durch die Liebesethik überboten werden soll; ihren Platz haben sie in der Rechtsethik. Hier könnte die christliche Ethik durchaus zur Ethik der Gegenwart einen eigenen Beitrag leisten. Er bestünde zunächst in einem metaethischen Beitrag, gewinnt er doch ein *distinguo* wieder, das in der Philosophie lange Zeit gegenwärtig war, heute aber gern verwischt wird; die Unterscheidung einer Ethik des Geschuldeten als der Ethik der Gerechtigkeit von einer Ethik des verdienstlichen Mehr.

Wegen dieser Unterscheidung – so ein *dritter Punkt* – bin ich skeptisch gegen eine in der christlichen Sozialethik heute vorherrschende Begründung. Gerade weil sie zum Alten Gesetz gehören, gibt es für die Menschenrechte keine Rechtfertigung vom Neuen Gesetz her. Eine genuin christliche Begründung zu suchen, halte ich zumindest für nicht nötig, vielleicht ist sie sogar verfehlt. Dieser Punkt hat eine große Tragweite, der ich andernorts nachgehe:[8] Wenn tatsächlich der Mensch als Mensch Rechte haben soll und nicht nur der Mensch als Mitglied einer letztlich doch noch christlichen Kultur, dann sind die Gründe in Elementen zu suchen, die einen interkulturellen Rechtsdiskurs erlauben. Die Elemente beginnen mit einer Anthropologie, die, weil universaliter gültig, mit dem Christentum sehr wohl verträglich und doch in keiner Weise dafür spezifisch ist.

Weil die genuin christliche Ethik mehr verlangt, sollte sie einerseits betonen, daß vom Mehr keine Rede sein kann, solange das weniger noch nicht erfüllt ist. Der *vierte Gesichtspunkt*: die christliche Sozialethik fordert die Menschenrechte als selbstverständliche Grundlage und Vorbedingung ein. Schon aufgrund ihrer eigenen sozialethischen Tradition legt sie dabei nicht bloß auf die Freiheits- und Mitwirkungsrechte, sondern ebenfalls auf die Sozial-, und neuerdings auch die Kulturrechte einen großen Wert.

Obwohl damit ein weitläufiger Aufgabenbereich benannt ist, sollte sich eine christliche Sozialethik bei einer Ethik der Menschenrechte nicht zu lange aufhalten. Der *fünfte Gesichtspunkt*: Zu der von Christen erhobenen Forderung, die Menschenrechte universaliter anzuerkennen, gehört eine Aufgabe, die man leider gern großzügig übergeht: Weil das Christentum die Religionsausübung in Form einer Kirche, also nicht bloß in charismatischer, sondern auch in sozialer und politischer Gestalt vornimmt, darf es die Anerkennung der Menschenrechte nicht nur von den anderen fordern, es muß sie von sich selbst verlangen und zum Maßstab der Wahrnehmung und der Beurteilung, gegebenenfalls der Veränderung der binnenkirchlichen Strukturen und des binnenkirchlichen Rechts machen. Ohne Einschränkung gilt hier Karl Barths Wort, daß „rechtes Kirchenrecht vorbildliches Recht" zu sein hat.[9] In dieselbe Richtung weist Papst Paul VI., wenn der sagt: „Im Licht der uns auferlegten

---

[8] Vgl. O. Höffe, Transzendentale Interessen – Zur Anthropologie der Menschenrechte, in W. Kerber, (Hg.), Menschenrechte und kulturelle Identität, München 1991.
[9] Die Ordnung der Gemeinde, München 1955, S. 73.

Pflicht der Evangelisierung ... bestärken wir unsere eigene Entschlossenheit, die Rechte des Menschen ... überall in der Kirche ... zu fördern."[10]

Es sei auf eine einzige Konsequenz hingewiesen,[11] die für viele als so einschränkend erscheint, daß sie sie (mit in systematischer Hinsicht allerdings sekundären Argumenten) weginterpretieren wollen; ich meine die Aufhebung der kirchenrechtlichen Ungleichbehandlung von Mann und Frau. Wer der neueren Auslegung des Schöpfungsberichtes folgt, nach dem unter Adam, der geschaffen wird, zunächst geschlechtsindifferent der Mensch und erst nach der Erschaffung der Frau der Mann zu verstehen ist; wer außerdem das auffallend nichtdiskriminierende Verhalten Jesu gegenüber den Frauen beachtet, der kann die kleine Schwester der *servitus*, die kirchenrechtliche Ungleichbehandlung der Frau, nicht für ein Element göttlichen Rechts halten. Viel eher liegt ein geschichtlich bedingtes Element vor, das heute, unter veränderten Bedingungen, dringend der Revision bedarf.

Sechstens sollte die christliche Sozialethik nicht vergessen, zur christlichen Mehr-Forderung überzugehen. Dazu braucht es freilich eine Einsicht, die Paulus praktiziert hat: Die Mehr-Forderungen sind nicht geschuldet; als Bestandteil eines freiwilligen Mehr kann ihre Anerkennung erbeten, nicht eingefordert werden: An dieser Stelle geht das metaethische *distinguo* in eine normativethische Differenzierung über. Heute vermengt man so gern Rechtsverbindlichkeiten mit Forderungen der Brüderlichkeit bzw. man erklärt, was die Brüderlichkeit gebietet, zu einer Rechtsforderung; derartige Vermengungen sind zurückzunehmen.

Heißt es, die sozialethische Tradition der Kirche aufzugeben, dem klassischen Liberalismus zuzustimmen und aus ethischen Gründen die Aufgaben, die der innerstaatlichen und der zwischenstaatlichen Rechtsordnung obliegen, auf den Kanon der klassischen Freiheitsrechte zurückzustufen? Man soll keineswegs staatlicherseits auf sozial- und kulturstaatliche sowie ökologische Aufgaben verzichten, ferner auf die Verantwortlichkeit gegenüber der Dritten Welt und, was die Dritte Welt lieber vergißt, auf die Verantwortung gegen ihre Ureinwohner. Es läßt sich im Gegenteil zeigen, daß ein Großteil dieser Aufgaben rechtsethisch geboten, also geschuldet ist.

Man denke etwa an das Argument der korrektiven Gerechtigkeit. Danach ergeben sich auch aus ungerechten Tauschbeziehungen der Vergangenheit Entschädigungsaufgaben, beispielsweise gegen Eskimos, Indianer, Indios und andere Ureinwohner, deren Besitz man bald gewaltsam, bald gegen unzureichende Gegenleistungen an sich genommen hat. Ebenfalls bestehen Verpflichtungen gegen die Schwarzen Nord- und Südamerikas sowie gegen andere Gruppen, denen durch Sklaverei, durch Leibeigenschaft und Erbuntertänigkeit oder auch durch „subtilere" Einrichtungen viele Jahrhunderte lang der Zugang zu Eigentumstiteln, zu gleichberechtigten Bildungseinrichtungen und zum sozialen Aufstieg versperrt worden ist.

Ein anderes Argument liefert der Gedanke der Verteilungsgerechtigkeit. Obwohl der Grundgedanke traditionell ist, trägt er durchaus zur Lösung aktueller Fragen bei. In bezug auf ökologische Probleme läßt er sich etwa folgendermaßen entfalten: Man geht von der Annahme aus, daß die naturale Natur, weil sie eine prinzipielle Vorgabe darstellt, als Gemeineigentum der

---

[10] Nach: Herder-Korrespondenz 28 (1974) S. 625.
[11] Für einige weitere Konsequenzen vgl. O. Höffe (Anm. 4), S. 246ff.

Menschheit, als ihre Allmende, zu betrachten ist, die jeder Generation und, innerhalb der Generationen, jedem Individuum gleichermaßen gehört. Wer diesen Gedanken anerkennt, hat es nicht schwer, als Verteilungsprinzip gegenüber der Allmende ein Gleichheitsprinzip zu vertreten. Es besagt, daß jede Generation und innerhalb der Generationen jedes Individuum das gleiche Recht auf die Allmende hat. Unter Voraussetzung dieses Gleichheitsprinzips verlangt nun die korrektive Gerechtigkeit, daß jede Generation und jedes Individuum, die sich etwas vom Gemeineigentum nehmen, in anderer Weise etwas zurückgeben und dabei den Gesichtspunkt der Gleichwertigkeit beachten. Nun sind vielleicht gewisse Dinge nicht substituierbar und trotzdem lebensnotwendig, so daß hier ein bloßer Abbau der natürlichen Ressourcen stattfindet. Dann müßte auch dieses Problem nach dem Gleichheitsprinzip gelöst werden: hinsichtlich der nicht substituierbaren Ressourcen darf aber jede Generation nur in etwa dasselbe Maß ihres Abbaus vornehmen. Wer nun diese und andere gerechtigkeitsgebotene Aufgaben erfüllt, leistet noch nicht, was er vielleicht gern beansprucht; er trägt noch nicht zum solidarischen Mehr bei.

Auf Vermutungen kann man keine sicheren Thesen aufbauen. Deshalb formuliere ich einen *siebenten* Gesichtspunkt vorsichtiger als Frage. Könnte die Aufgabe einer christlichen Sozialethik im Horizont der Gegenwart darin liegen, daß sie das rhetorische Muster der Bergpredigt wieder aufnimmt und sagt: Die Idee der Menschenrechte gebietet X, Y und Z, also eine stolze Reihe von Dingen. Um Christ zu sein, hat man erstens das X, das Y und das Z, und zwar in aller Selbstverständlichkeit, zu erfüllen und hat zweitens noch ein kräftiges Mehr zu leisten. Wahrscheinlich entdecken wir dann, daß ein Christsein viel schwerer ist, oder auch: daß eine Aufgabe gemeint ist, die noch zu leisten bleibt; die genuin christliche Sozialethik ist – vielleicht – eine Aufgabe der Zukunft.

WILHELM ERNST

Christliche Sozialethik vor neuen Herausforderungen

Einleitung: Die Problemstellung

Herausforderungen hat es für die christliche Sozialethik gegeben, seitdem von christlicher Sozialethik die Rede ist. Umgekehrt ist dann freilich die christliche Sozialethik selbst auch eine Herausforderung für die Einzelnen wie für die Gesamtgesellschaft. Denn es geht in der christlichen Sozialethik darum, für das, was wir heute über die Mikroebene des zwischenmenschlichen Handelns hinaus die intermediäre Ebene der Gruppen, Institutionen und Organisationen und die Makroebene der Gesamtgesellschaft nennen, Prinzipien und Maßstäbe aufzuzeigen, die für die Gestaltung des sozialen, wirtschaftlichen, politischen und kulturellen Lebens und Zusammenlebens verbindlich sind.[1] In diesem Sinne schließt die Sozialethik andere Ethiken wie ökologische Ethik, Wirtschaftsethik, politische Ethik und Kulturethik ein.

Was nun die christliche Sozialethik als „christliche" betrifft, so steht an ihrer Basis eine theologisch begründete Anthropologie, ferner philosophischethische Überlegungen zu einer normativen Theorie, in welcher fundamentale sozialethische Prinzipien aufgezeigt werden, und schließlich Erkenntnisse der Sozialwissenschaften, in denen Ordnung und Wandel der ethisch relevanten Strukturen, Systeme und Werte erfaßt, analysiert und interpretiert werden.

Seit ihren Anfängen war die christliche Ethik darum bemüht, Handlungsorientierungen für das Leben der Christen in der Gemeinschaft der Menschen vorzustellen, wie etwa in der Frage von Reichtum und Armut, vom Umgang mit den Gütern der Erde sowie von Krieg und Frieden. Doch ist (mit Wilhelm Korff) zu sagen, daß „die sozialethische Frage als eigenständige, zu einer neuen Aufgabenstellung führende, methodisch abzugrenzende Frage innerhalb der Ethik (dennoch) ein genuin neuzeitliches Phänomen" ist.[2] Denn erst mit der neuzeitlichen Wende zum Subjekt wird zunehmend klar, daß die den Menschen tragende Realität und ihre Normen, Institutionen und Systeme samt und sonders auf die menschliche Person als deren Ursprung, Träger und Ziel ausgerichtet sind und sein müssen und nur von daher ihre moralische Legitimation erhalten können. Gesellschaftliche Normen, Strukturen und Systeme sind dem Menschen zwar vorgegeben, sie sind ihm aber zugleich auch aufgegeben. Sie dürfen nicht a priori in jeder Hinsicht als unwandelbar angesehen werden. Für Arthur Rich ist Sozialethik deshalb als Ethik der

---

[1] Zur Beschreibung von Ordnung und Wandel sozialer Beziehungen auf der Mikroebene des sozialen Handelns, der intermediären Ebene der Gruppen, Institutionen und Organisationen und der Makroebene der Gesamtgesellschaft vgl. W. Zapf, Art. „Sozialer Wandel", in: StL 7. Aufl., Sp. 1262–1270.
[2] W. Korff, Art. „Sozialethik", ebd. Sp. 1282.

gesellschaftlich übergreifenden Normen, Institutionen und sozialen Systeme zu verstehen. Sie ist „Sozialstrukturenethik".

Was in der vorneuzeitlichen Ethik im Ausgang von der christlichen Nächstenliebe und von der Gerechtigkeit im wesentlichen als Tugendethik innerhalb gegebener Ordnungen und Systeme begriffen wurde, behält zwar in den sozialen, wirtschaftlichen und politischen Wandlungen der Neuzeit seine urtümliche Gültigkeit, aber es geht jetzt darum, daß die gesellschaftlichen Ordnungsgestalten selbst unter dem Rechtfertigungsdruck des sozial Gerechten stehen. Wenn nämlich – wie gesagt – ihr oberster Maßstab die personale Würde des Menschen ist, dann hat das zur Folge, daß nur solche Normen, Institutionen und Systeme als menschengerecht anzusehen sind, die der Personwürde selbst in ihren individuellen Freiheitsrechten und in ihren sozialen Anspruchs-, Verfügungs- und Mitbestimmungsrechten entsprechen. Anders gesagt: Gesellschaftliche Normen, Institutionen und gesamtgesellschaftliche Systeme sind nur dann als moralisch positiv zu qualifizieren, wenn sie der Ordnung objektiver Sittlichkeit, d. h. der Gerechtigkeit als dem grundlegend normativen Prinzip des äußeren Zusammenlebens entsprechen und Entscheidungen zu einem human gelingenden Leben und Zusammenleben ermöglichen.[3]

In der sozialwissenschaftlichen Diskussion wie in der kirchlichen Soziallehre besteht Einmütigkeit darüber, daß die erste große Herausforderung der Neuzeit die sogenannte „soziale Frage" war. Diese rief nicht nur nach praktischen Lösungen, sondern stellte Kirche und Theologie angesichts der Umgestaltung der traditionellen Gesellschaft zur Industriegesellschaft sowie angesichts der Theorien des Liberalismus und des Sozialismus vor die Frage nach einer sozialethischen Theorie im Horizont des christlichen Glaubens. Das vorläufige Ergebnis dieser theoretischen Bemühung war im katholischen Raum das, was wir bis in unsere Zeit als schöpfungstheologisch begründetes naturrechtliches Konzept der Sozialethik und Soziallehre bezeichnen. Dieser systematisch entfaltete Ansatz mit den fundamentalen Prinzipien der Personalität und des Gemeinwohls, sowie der Solidarität und der Subsidiarität hat in unserem Jahrhundert die Theoriediskussion bestimmt und ist weithin auch in die kirchliche Soziallehre und Sozialverkündigung aufgenommen worden. Zwar wurden in dieser Zeit eine Reihe von neuen Akzenten, besonders mit der Menschenrechtsfrage in die christliche Sozialethik eingebracht, aber in den Grundlagen selbst ist dieser Ansatz bis in die Gegenwart der bevorzugte Ansatz in der katholischen Sozialethik wie in der kirchlichen Sozialverkündigung geblieben.[4]

Diese christliche Sozialethik steht heute vor neueren Herausforderungen. Diese erwachsen zum einen aus einer Vielfalt von Problemen, die mit der Bewältigung der modernen Lebenswelt verbunden sind, und zum anderen aus

---

[3] Vgl. dazu O. Höffe, Sittlichkeit als Horizont menschlichen Handelns, in: ders., Sittlich-politische Diskurse. Philosophische Grundlagen, Politische Ethik, Biomedizinische Ethik Frankfurt a. M. 1981, 23–51, bes. 41.

[4] Zur Entwicklung der Soziallehre vgl. F. Furger, Christliche Ethik im Spannungsfeld von Individuum, Gruppe und Gesellschaft – das personale Ziel in der Verschiedenheit seiner Ansätze, in: Theologische Berichte XIV (hg. v. J. Pfammater und F. Furger), Zürich–Einsiedeln–Köln 1985, 106–138; ferner: A. Anzenbacher, Zur Kompetenz der Kirche in Fragen des wirtschaftlichen Lebens, in: Jahrbuch für christliche Sozialwissenschaften 29, (1988) 73–86.

der kritischen Auseinandersetzung mit dem traditionellen Ansatz der christlichen Sozialethik selbst. Im folgenden sollen konkrete Felder herausgestellt werden, in denen die Sozialethik vor solchen Herausforderungen steht.

I. Christliche Sozialethik vor der ökologischen Herausforderung

Die technologische Zivilisation unserer Zeit hat die Gesamtheit unserer Lebensbedingungen und Entfaltungsmöglichkeiten in einem Ausmaß gefördert, wie es frühere Generationen nicht einmal zu träumen wagten. Diese technische Verfügungsmacht kann aber auch zu einer Bedrohung und Zerstörung der natürlichen Lebens- und Existenzgrundlagen werden. Als Anfang der siebziger Jahre Umfang und Tragweite der bisherigen und für die Zukunft vorausgesagten Umweltschäden bekannt wurden, waren die Reaktionen darauf unterschiedlich. Von den einen wurden die wissenschaftlichen Veröffentlichungen nicht ernst genommen. Sie bauten weiter auf den Fortschrittsoptimismus oder waren so sehr von ökonomischen Interessen beherrscht, daß sie die Augen vor der Realität verschlossen. Viele vertraten die Auffassung, man werde schon alles in den Griff bekommen. Andere verbreiteten ein Bild vom baldigen Zusammenbruch des gesamten Ökosystems. Für sie galt es als ausgemacht, daß der Zerstörungsprozeß irreversibel sei. In der philosophischen und theologischen Ethik setzte seit dieser Zeit ein vertieftes Nachdenken über das Verhältnis von Mensch und Natur, von instrumentell-technischer und ökologischer Vernunft und über Leitlinien und Kriterien verantwortlichen Umgangs mit der Natur, theologisch als Kreatur verstanden, ein. Es entstand das, was man heute allgemein als Umweltethik versteht. In der christlichen Ethik gehen die bisher vorliegenden Ansätze durchweg vom Gedanken der Schöpfungstheologie, der Gottesebenbildlichkeit und der Mitgeschöpflichkeit aus. In manchen Ansätzen wird die schöpfungstheologische Begründung durch christologische und eschatologische Aspekte erweitert und vertieft.[5] Von dieser Grundlage her werden oberste Imperative aufgestellt, wie etwa: „Handle so, daß die Wirkungen deiner Handlungen die angemessene Lebensfähigkeit und Integrität der Menschheit und der nicht-menschlichen Natur nicht zerstören",[6] oder: „Handle so, daß du dich durch die Folgen deines Handelns korrigieren lassen kannst".[7]

Die bleibende ökologische Herausforderung betrifft zum einen die Ziel- und Wertvorstellungen menschlichen Handelns überhaupt, woraus Wandlungen in der Einstellung und im Umwelthandeln erwachsen und zu Wandlungen im

---

[5] Vgl. dazu W. Ernst, Bewahrung der Schöpfung, in: Grundlagen und Probleme der heutigen Moraltheologie (hg. v. W. Ernst), Leipzig 1989, 322–339. Zusammenfassend auch H. Lehenhofer, Für eine Umweltethik, in: Kirche – Wirtschaft. Überwundene Berührungsängste (Veröffentlichungen des Internationalen Forschungszentrums für Grundfragen der Wissenschaften Salzburg NF Bd. 30, hg. v. F. M. Schmölz), Innsbruck–Wien 1989, 125–140.

[6] H. J. Münk, Art. „Umweltethik", in: Neues Lexikon der christlichen Moral (hg. v. H. Rotter u. G. Virt), Innsbruck–Wien 1990, 812.

[7] T. Rendtorff, Verantwortung für die Welt als Schöpfung Gottes. Ethische Grundlagen ökologischer Forderungen, in: Die Welt für morgen. Ethische Herausforderungen im Anspruch der Zukunft (F. Böckle zum 65. Geburtstag zugeeignet (hg. v. G. W. Hunold / W. Korff), München 1986, 25.

ethischen Bewußtsein der Gesellschaft führen; sie betrifft zum anderen die Ebene der Teilsysteme (wie Technik, Wirtschaft, Wissenschaft), darüber hinaus die Ebene der nationalen politischen Gemeinschaft und schließlich die internationale und gesamtgesellschaftliche Ebene. Aus der Interdependenz der verschiedenen Bereiche und Ebenen ergibt sich, daß die ökologische Herausforderung nicht nur zur ethischen Herausforderung an die Einzelnen und an ihr Ethos wird, sondern auch zur Herausforderung an Ethik, Politik und Recht. Gerade hier sind heute und in naher Zukunft die Konflikte geradezu vorprogrammiert: der Konflikt zwischen technischem Können und ökologischem Dürfen; der Konflikt zwischen Ökonomie und Ökologie; der Konflikt zwischen nationalen Interessen und internationalen Erfordernissen; der Konflikt zwischen politischen Entscheidungen über Gegenwartserfordernisse und über die Zukunft, über künftige Generationen und über die zukünftige Gestalt des Lebens und Überlebens. Erfahrungen aus der Lebenswelt der gerade untergegangenen und untergehenden sozialistischen Staaten des Ostens können dabei Warnung und zugleich Motivation zu politischen und rechtlichen Entscheidungen sein. Die ideologisch begründete Forderung nach absolutem Vorrang der Ökonomie vor der Ökologie veranlaßte die Herrschenden dazu, ungehemmt und ohne Rücksicht auf die Folgen für Natur und Menschen zu produzieren. Jegliche Untersuchung über Umweltschäden und ihre Auswirkungen auf die Lebenswelt wurde zur „Geheimen Verschlußsache" erklärt. Die Mächtigen nahmen aus ideologischen Gründen, nämlich aus dem Gedanken der Überlegenheit ihrer Wirtschafts- und Gesellschaftsordnung in Kauf, daß der Boden weithin verseucht, die Luft verpestet und die Lebenserwartung der Menschen in den Industriegebieten um fünf bis acht Jahre niedriger wurde als in vergleichbaren westlichen Industriegebieten. Soweit heute vorhersehbar ist, werden alle neuen Bundesländer die Ökologie als Staatszielbestimmung in die Verfassung aufnehmen. Sie legen sich damit selbst die Verpflichtung zu politischen und rechtlichen Entscheidungen über die Gestaltung der Umwelt auf. Dabei sollen insbesondere das Prinzip der Verursacherhaftung, der Prävention und der Kooperation zur Anwendung kommen. Über diese nationale Aufgabe hinaus wächst weltweit der Sozialethik in Gestalt der Umweltethik, der Wirtschaftsethik, der Wissenschaftsethik und der politischen Ethik über bloße Appelle hinaus die Aufgabe zu, normativ verbindliche Orientierungen zu bieten, die in politische und rechtliche Entscheidungen über Eingriffe in die Ökostruktur einfließen.

II. Christliche Sozialethik vor der ökonomischen Herausforderung

Daß Wirtschaft und Wirtschaftswissenschaft heute zu einer neuen Herausforderung für die christliche Sozialethik werden und daß umgekehrt die christliche Sozialethik eine Herausforderung für Wirtschaft und Wirtschaftswissenschaft ist, ist schon rein äußerlich an der Vielfalt der Begegnungen zwischen Sozialethikern und Wirtschaftsfachleuten festzustellen. Worum es hierbei geht, ist auf wissenschaftlicher Ebene die Klärung des Verhältnisses von Ökonomie und Ethik und damit die Frage nach einer Wirtschaftsethik; ferner die Frage nach den ethischen Implikationen des Systems der Marktwirtschaft als sozialer bzw. ökosozialer Marktwirtschaft, die nach dem praktischen (aber wohl auch theoretischen) Scheitern der von der marxistischen Ideologie getragenen Zentralverwaltungswirtschaft heute als einzige das Feld beherrscht.[8] Mit alledem ist dann noch einmal die praktische Frage verbunden, wieweit Unternehmer sich bei wirtschaftlichen Entscheidungen von ethischen Kriterien und moralischen oder gar religiösen Einstellungen leiten lassen.

Bei Wirtschaftswissenschaftlern besteht in der Frage nach dem Verhältnis von Ökonomie und Ethik keineswegs Einmütigkeit. Die einen sehen zwischen Wirtschaft und Ethik und noch einmal zwischen Wirtschaftstheorie und christlicher Wirtschaftsethik einen Widerspruch; andere behaupten, es bestehe zwischen beiden eine Nichtbeziehung; und wieder andere sprechen von einer gegenseitigen Ergänzung bzw. von einem gegenseitigen Aufeinanderangewiesen-Sein.[9]

Nach allem, was der gegenwärtigen Diskussion zu entnehmen ist, besteht heute bei einer Reihe von Wirtschaftswissenschaftlern und Ethikern die Tendenz, den Dualismus von Wirtschaft und Ethik, von ökonomischer Rationalität und ethischer Rationalität als überholt anzusehen und der Wirtschaft selbst eine ethische Dimension zuzuschreiben. Diese Richtung betont, daß Wirtschaft nicht eindimensional und unter Abstrahierung von der sozialen Dimension des Wirtschaftens zu betrachten ist, und daß Wirtschaften als solches schon das Kriterium des Sozialen und des „Menschengerechten" in sich selbst enthält und sich konkret auswirken muß. Wo dieses Kriterium aus dem Blick fällt, gerät wirtschaftliches Handeln in schwerwiegende Aporien. Wie nun die innerlich von der Idee des Menschengerechten getragene Wirtschaft konkret zu gestalten ist, d. h. wie das Menschengerechte, das immer zugleich das individuell und sozial Gerechte ist, zu finden ist, worin es konkret besteht und welches Wirtschaftssystem dieser Idee am besten entspricht, muß durch die praktische Vernunft herausgefunden werden. Die Frage, wie die unterschiedlichen Ansätze zu einer Wirtschaftsethik (z. B. Unternehmensethik, Systemethik, vertragstheoretische Ethik, Ethik sozialer Bewegungen) miteinander vermittelt oder in eine christliche Sozialethik und Sozialethre integriert werden können, ist strittig und bleibt somit weiterhin eine Herausforderung für die Sozialethik in der Gestalt von Wirtschaftsethik.[10]

---

[8] Gute Darstellungen über den Weg der Marktwirtschaft und der Zentralverwaltungswirtschaft bieten A. Schüller, Der ordnungspolitische Weg der Bundesrepublik – Entwicklung und Perspektiven. Zeitschrift für Wirtschaftspolitik 39 (1990) 5–76; K. C. Thalheim, Der ordnungspolitische Weg der DDR – Entwicklung und Perspektiven, ebd. 77–91. Beide Autoren verfaßten ihre Beiträge zu einem Zeitpunkt, als man noch mit einem Weiterbestehen der DDR rechnete (November 1989). Ihre Vorstellungen über eine mögliche Entwicklung im Verhältnis der beiden Systeme zueinander waren ein Jahr später überholt. Trotzdem findet sich in ihnen eine gute Aufarbeitung des Vergleichs beider Systeme. – Einen guten Überblick über die Literatur zur Wirtschaftsethik bietet J. Wiemeyer, Neuere Literatur zur Wirtschaftsethik, in: Jahrbuch für christliche Sozialwissenschaften 29 (1988) 213–226.

[9] Vgl. W. Krelle, Wirtschaftsethik und Ökonomie – Ergänzung oder Widerspruch oder beides?, in: Jahres- und Tagungsbericht der Goerres-Gesellschaft 1989, Köln 1990, 55–83; ders., Konflikt von Ethik und Ökonomie beim Umweltproblem?, in: Die Welt für morgen (vgl. oben Anm. 7) 41–53.

[10] Vgl. dazu F. Hengsbach, Interesse an Wirtschaftsethik, in: Jahrbuch für christliche Sozialwissenschaften 29 (1988) 127–150. Ferner J. Homeyer, Soziale Marktwirtschaft: StZ 115 (1990) 587–598.

Wie unterschiedlich die einzelnen Theorieansätze auch sein mögen, in einem Punkt scheint weiterhin Übereinstimmung zu bestehen, nämlich in der ordnungsethischen Option für die soziale Marktwirtschaft, die heute mehr und mehr ausdifferenziert und von vielen als ökosoziale Marktwirtschaft konzipiert wird. Die ethische Herausforderung an die so verstandene Marktwirtschaft besteht, wie von der Stuttgarter Erklärung der Konziliaren Bewegung (1988), aber auch von mehreren Sozialethikern herausgestellt wird, darin, daß die Marktwirtschaft der Zukunft individual- und sozialethisch nur legitimiert werden kann, wenn die verschiedenen, aber miteinander verbundenen Dimensionen der Wirtschaft beachtet werden: die bereits genannte ökologische Dimension, die Dimension der Technik, die Dimension humaner Bedürfnisse (konsumethische Dimension), die Dimension der Arbeit (und der Umverteilung und Gestaltung der Arbeit) sowie die Dimension der Güterverteilung. Wirtschaft und Wirtschaftsethik schließen somit ökologische Ethik, Ethik der Technik, Bedürfnisethik, Ethik der Arbeit und Güterverteilung ein. Die christliche Ethik fügt diesen Dimensionen die vorrangige Option für die (Armen) Benachteiligten hinzu. Konkret stellen sich diese Herausforderungen sowohl auf nationaler wie auf internationaler Ebene.[11]

Mit Recht weisen Wirtschaftswissenschaftler kritisch darauf hin, daß Ethiker, besonders aber Verfasser von kirchlichen Verlautbarungen, dazu neigen, gutgemeinte Vorschläge und Forderungen an die Wirtschaft zu stellen, bei denen eine „Ethik ohne Ökonomie", d. h. eine reine Gesinnungsethik zum Tragen kommt, die oftmals wirtschaftliche Sachkompetenz vermissen läßt. Sie betonen: „Wenn man einer solchen ‚Ethik' folgen würde, wäre der Zusammenbruch des weltwirtschaftlichen Systems mit katastrophalen Folgen besonders für die Entwicklungsländer die sichere Konsequenz."[12]

Andererseits werden Ethiker den Wirtschaftsfachleuten immer wieder vor Augen stellen müssen, daß die genannten Dimensionen der Wirtschaft objektive Dimensionen sind, die Sinn und Ziel der Wirtschaft bestimmen und die Wirtschaft herausfordern, in Abwägungsurteilen darüber zu befinden, wie die einzelnen Dimensionen konkret zum Tragen kommen können.

Wie sehr diese Forderung der Ethiker an die Wirtschaftler nötig ist, zeigt sich nicht nur auf Weltebene, sondern schon in dem relativ kleinen, aber wirtschaftlich mächtigen Raum von Deutschland. Hier haben Untersuchungen über Einstellung und Verhalten von Unternehmern ergeben, daß ethische Belange bei wirtschaftlichen Entscheidungen kaum einmal ins Gewicht fallen.[13] Oft spielen Maximalgewinne und möglichst weite Ausschaltung von Konkurrenz die entscheidende Rolle. So kommt in den neuen Bundesländern gegenwärtig bei nicht wenigen Unternehmern aus den alten Ländern eine Haltung und ein Verhalten zum Vorschein, das frühkapitalistischen Methoden entspricht. Dieses Verhalten läßt bei vielen Menschen nicht nur Zorn über das Fehlen von Solidarität und Subsidiarität aufkommen, sondern die tiefere Frage, ob nicht das bestehende System der Marktwirtschaft selbst in der Struktur der Machtverteilung und Machtkontrolle zu hinterfragen ist. Macht

---

[11] Vgl. vor allem W. Korff, Orientierungslinien einer Wirtschaftsethik, in: Die Welt für morgen (vgl. oben Anm. 7) 67–80. Etwas anders F. Hengsbach, aaO 149f.
[12] W. Krelle, Wirtschaftsethik und Ökonomie, aaO 79.
[13] Vgl. dazu Ethos und Religion bei Führungskräften (hg. v. F. X. Kaufmann / W. Kerber / P. M. Zulehner), München 1986.

verführt zu Mißbrauch. Wenn, wie behauptet wird, „das System der Marktwirtschaft auch nicht dahin (führt), eine Ethik christlicher Ausprägung zu verwirklichen, sondern im Gegenteil einen gewissen moralischen Minimalstandard voraussetzt",[14] so ist doch zu bedenken, daß selbst eine Minimalmoral dazu verpflichtet, Unrechtsstrukturen nicht zu vertiefen, sondern sie zu beheben, ganz abgesehen davon, daß mit Minima Moralia keine menschengerechte Wirtschaft zu machen ist, die human gelingendes Leben und Zusammenleben ermöglicht und fördert.

So wird die konkrete Erfahrung der Wirklichkeit zur Forderung nach einer dynamischen Gestalt von Marktwirtschaft, die nicht nur von einem absoluten Vertrauen auf die Selbstheilungskräfte ausgeht, sondern politische und rechtliche Rahmenbedingungen braucht, die es erlauben, dem Mißbrauch möglichst zu wehren.

Was die momentane Situation und die künftige Entwicklung im geeinten Deutschland betrifft, so ist zu sagen, daß die wirtschaftliche Erholung und die soziale Angleichung sich nicht so vollzieht, wie am Anfang vorausgesagt worden war. Sie wird weitaus längere Zeit dauern. Die augenblickliche Situation birgt die Gefahr in sich, daß es zu schweren sozialen und im Gefolge zu schwerwiegenden politischen Verwerfungen kommt, die die politische Landschaft völlig verändern können. Um eine solche Entwicklung, die in Ansätzen schon vorhanden ist, aufzuhalten, wird man kaum umhin kommen, einen Solidarpakt zu schließen zwischen Bund und Ländern, zwischen alten und neuen Ländern, zwischen Unternehmerverbänden und Gewerkschaften, kurz: zwischen allen politischen, gesellschaftlichen und wirtschaftlichen Kräften. In der Realisierung eines solchen Solidarpaktes wird sich erweisen, ob die ordnungspolitische Option für die soziale Marktwirtschaft und das Lenkungssystem der sozialen Marktwirtschaft selbst sich in einer Situation bewähren, die es so und in solcher Dringlichkeit noch nicht gegeben hat. Hier werden Marktwirtschaft und marktwirtschaftliches Handeln vor ihre eigentliche Bewährungsprobe gestellt. – Das gilt dann analog noch einmal für den Weg zum gemeinsamen Haus Europa und für die weltweite Entwicklung. Leitbild für die unter neuen Herausforderungen stehende Marktwirtschaft muß eine erweiterte Sicht der Marktwirtschaft sein, nämlich das Leitbild einer ökologischen, arbeitsorientierten, weltweiten sozialen Marktwirtschaft.[15]

III. Christliche Sozialethik vor neuen gesellschaftlichen und politischen Herausforderungen

Es ist zwar nicht Aufgabe der christlichen Soziallehre, politische Programme für Staat und Gesellschaft zu entwerfen und die gesellschaftlichen Strukturen mit Moral zu überfrachten, aber christliche Soziallehre schließt immer auch die Dimension des Politischen in weitestem Sinne ein. Zwar können Christen, wie die Erfahrung der Geschichte lehrt, in jedem politischen System als Christen überleben, aber damit ist nicht gesagt, daß Christen nicht bereit sein müßten, ungerechte politische Systeme und Strukturen, in denen sich die

---

[14] W. Krelle, Ethik und Ökonomie, aaO 51f.
[15] So J. Homeyer, aaO 589. Er betont: „In erster Linie stehen nicht die Grundlagen und Ziele sowie das Gefüge der Institutionen und Regeln der sozialen Marktwirtschaft."

Sünde geradezu verfestigt hat, zu kritisieren, auf ihre Umwandlung zu drängen und daran mitzuwirken, daß gerechte Strukturen an ihre Stelle treten.

Gegenwärtig erleben wir in Mittel- und Osteuropa den Zusammenbruch eines gesellschaftlichen und politischen Systems, das nicht das Ergebnis freier und demokratischer Wahlen war, sondern ein von der Ideologie des Marxismus geprägtes System, das mit den Mitteln totalitärer Machtausübung von außen aufgezwungen worden war. Das Entscheidende an diesem System war, daß es als Weltanschauungssystem Anspruch auf den ganzen Menschen erhob und ihn durch seine Machtstruktur, durch sein politisches Überwachungssystem und durch seine weltanschauliche Indoktrination in allen Bereichen, besonders in Erziehung und Bildung, auch ganz in Anspruch nahm. Damit die Menschen diesem System nicht entgehen konnten, wurden sie mit einer Grenze von Mauer und Stacheldraht abgeschottet. Die Grenze trennte nicht nur Menschen, sondern auch Weltsysteme. Die Verwüstungen, die durch das Zentralverwaltungssystem in Wirtschaft und Gesellschaft angerichtet wurden, sind gewaltig, aber weitaus verheerender ist die moralische Verwüstung der Seelen.[16] Das gilt für alle Länder des früheren Ostblocks.

Nachdem dieses System innerlich und äußerlich zerbrochen ist und eine völlig andere politische, gesellschaftliche und wirtschaftliche Ordnung an seine Stelle getreten ist oder noch treten wird, kommen in diesen Ländern vielfache Defizite ans Licht. Hier steht die christliche Sozialethik vor großen gesellschaftlichen und politischen Herausforderungen.

Ein erstes Problemfeld besteht darin, daß wir es in den früheren Ostblockländern mit einer Gesellschaft zu tun haben, die (bis auf Polen) weithin säkularisiert und im Verständnis des Verhältnisses von Individuen und Gesellschaft durchweg von der marxistischen Ideologie und vom praktischen Materialismus geprägt ist. Die permanente Indoktrination des dialektischen Materialismus und seiner einseitigen Wertgrundlagen ist nicht ohne Wirkung auf religiöse und ethische Wertvorstellungen geblieben. Vielfach fehlen in hohem Maße die einfachsten Kenntnisse über Grundlagen der Sozialethik und insbesondere über christliche Sozialethik. Da der Prozeß der inneren Umorientierung der Gesellschaft in Erziehung und Bildung einen Zeitraum von etwa zwei Generationen dauern wird, gehört es zu den vordringlichsten Forderungen an die christlichen Sozialethiker, daß sie auf den verschiedensten Ebenen von Erziehung, Bildung und Weiterbildung solidarische Hilfe leisten, damit das Defizit aufgehoben wird und der Auf- und Ausbau menschengerechter sozialer Organisationen und Strukturen gelingen kann.

Ein zweites Problemfeld bildet in verschiedenen Ländern das zwar immer schon latent bestehende, durch den Staat unterdrückte, jetzt aber mit Vehemenz aufbrechende Nationalitätenproblem. Das betrifft (mit Ausnahme von Polen, dessen Vertreter in Regierung und Episkopat ein Minderheitenproblem nicht sehen) alle östlichen Länder. Die Nationalitätenfrage droht zu einem der schwierigsten Probleme der sich gerade als demokratische Staaten konstituierenden Länder zu werden. Hier kann christliche Sozialethik vermit-

---

[16] Zur Entwicklung vgl. W. Ernst, Der politische und gesellschaftliche Umbruch in der DDR. Eine Herausforderung für die Kirche. Vortrag vor Offizieren der Bundeswehr in München am 25. 4. 1990, in: . . . wie die Träumenden. Katholische Theologen zur gesellschaftlichen Wende (hg. v. F. G. Friemel), Leipzig 1991, 55–65.

teln, daß Toleranz und Kompromiß wesentliche Elemente politischen und gesellschaftlichen Handelns sind.

Ein drittes Problemfeld, das mit der rasanten Ausbreitung der Arbeitslosigkeit verbunden ist, wird in absehbarer Zeit das Entstehen einer Zweidrittelgesellschaft sein. Da Politik und Wirtschaft offenkundig für längere Zeit nicht in der Lage sein werden, durch aktive Beschäftigungspolitik und Investitionen das Problem der Arbeitslosigkeit in den Griff zu bekommen, wird es im Gefolge der Arbeitslosigkeit und der sozialen Ausgrenzung derer, die sich in der Leistungsgesellschaft nicht durchsetzen können, in den neuen Ländern zu den gleichen sozialen Erscheinungen kommen, die in den alten Ländern verbreitet sind: Kriminalität, Alkohol- und Drogenproblem, Ausgrenzung von Außenseitern und Diskriminierung von Arbeitslosen und Arbeitsunfähigen. Gegenwärtig errichten die Kirchen von ihrem sozial-karitativen Auftrag her, sich in besonderer Weise der Schwachen und Benachteiligten anzunehmen, viele neue Sozialstationen, die aber auf Dauer zu einer Überforderung der Kirchen werden und das Problem selbst nicht lösen können. Arbeitslosigkeit, die in allen Ländern mit sozialer Marktwirtschaft verbreitet ist, ist gegenwärtig eine Herausforderung, der sich Politik und Wirtschaft vorrangig stellen müssen. Ohne Neuverteilung von Arbeit, zu der auch diejenigen, die Arbeit haben, ihren solidarischen Beitrag leisten müssen, indem sie Arbeit teilen, kann Gesellschaft auf Dauer nicht menschengerecht gelingen. An dieser Stelle müßte auch die Kirche selbst als Arbeitgeber ihre eigene Arbeitspolitik überprüfen und Vorbild bei der menschengerechten Verteilung von Arbeit sein.

Ein viertes Problemfeld sozialethischer und politischer Herausforderung ist gegenwärtig in Europa die ständig wachsende Migration. Sie führt auf Dauer zu Veränderungen in der Bevölkerungsstruktur und zu Verschiebungen der kulturellen und religiösen Landschaft. Die bestehende Migration, die in Zukunft zu einer neuen Völkerwanderung wird, ist nicht nur eine wirtschaftliche, soziale und kulturelle Herausforderung, sondern auch eine Anfrage an das Verständnis von absoluter Souveränität der Einzelstaaten. Diese ist ohnehin durch die bereits bestehenden Wirtschafts- und Handelsbeziehungen schon keine absolute Souveränität mehr. Für die Zukunft ist eine Neudefinition von Volk, Land und Staat im gemeinsamen Haus Europa erforderlich. Zwar besteht gegenwärtig die Herausforderung noch in der Frage des Umgangs mit Aus- und Umsiedlern, mit Asylanten und mit rassischen, kulturellen und religiösen Minderheiten und ihrer Eingliederung in die Gesellschaft. Mit der für 1993 vorgesehenen europäischen Wirtschaftsunion wird sich die Frage der Migration aber außerordentlich verschärfen.

Ein fünftes Problemfeld, auf dem sich die Herausforderungen wesentlich verschärfen werden, ist das Gebiet der gesellschaftlichen und politischen Strukturen auf Weltebene. Nach den Wandlungen in Mittel- und Osteuropa und nach der Auflösung der weltanschaulichen und militärischen Blöcke glaubte man allgemein, es könne jetzt eine Zeit des Friedens, des kontinuierlichen Aufbaus und der verstärkten Zuwendung zu den Problemen in der Dritten Welt und der Weltgesellschaft insgesamt anbrechen. Dieser Traum ist schnell zerbrochen durch den Krieg im Nahen Osten und durch die Entwicklung in der Sowjetunion. Offenkundig können alle Überlegungen zur Friedensethik und alle Erfahrungen einer friedlichen Wende in Mitteleuropa und in Teilen Osteuropas nicht als dauerhaftes Gut betrachtet werden, das sich auf alle Regionen unserer Erde ausbreitet. Das Wort dieses Jahres wird das Wort „Angst" sein, nicht nur in den Ländern der ersten und zweiten Welt, sondern auch und besonders in den Ländern, in denen man annehmen dürfte, daß die positive politische Entwicklung der vergangenen Jahre auch Auswirkungen auf ihre soziale, wirtschaftliche und politische Entwicklung haben werde. Gegenüber den Anforderungen, die sie der Weltsozialpolitik stellen, erscheinen die Herausforderungen, die im Umbruch Europas in den einzelnen Ländern und in Gesamteuropa aufbrechen, als relativ klein, und doch sind sie alle miteinander verbunden.

Die Herausgeber der Festschrift für Franz Böckle zu dessen 65. Geburtstag haben zehn ethische Herausforderungen im Anspruch der Zukunft zusammengefaßt: die ökologische, die ökonomische, die entwicklungspolitische, die staatlich-gesellschaftliche, die sozial-strukturelle, die biotechnische, die medienpolitische, die fundamentalethische, die interkulturell-religiöse und die kirchlich-christliche Herausforderung.[17] Davon konnte hier nur ein Teil zur Sprache kommen und zwar auf dem Hintergrund von Veränderungen, von denen wir alle, die einen weniger, die anderen mehr, in existentieller Weise betroffen sind.

In allen diesen Herausforderungen, vor denen christliche Sozialethik heute steht, stellt sich dann noch einmal die Frage, ob die christliche Sozialethik in der Form, wie sie in den vergangenen hundert Jahren entwickelt worden ist, den Herausforderungen in Gegenwart und Zukunft gewachsen ist und ob diese – noch grundsätzlicher gefragt – überhaupt als adäquater Ansatz einer christlichen Sozialethik anzusehen ist. Beinahe alle Autoren, die sich mit dem gegenwärtigen Stand der Sozialethik befassen, betonen, daß im Raum der katholischen Sozialethik eine umfassende Grundlagendiskussion noch ausstehe, was nicht zuletzt angesichts der Herausforderungen dringlich werde, die sich aus der Theologie der Befreiung ergeben. Es sei bezeichnend, daß es in den letzten zwei Jahrzehnten keinen Versuch mehr gegeben habe, die Systematik der katholischen Sozialethik umfassend neu zu durchdenken.[18] Tatsächlich bewegt sich die gegenwärtige Diskussion noch weithin im Rahmen von Untersuchungen zu Einzelbereichen oder in Verteidigung und Angriff zwischen traditionellen und befreiungstheologischen bzw. veränderungsethischen oder bewegungsethischen Positionen.[19]

Wir bewegen uns in der Sozialethik gegenwärtig noch in der Diskussionsphase, die wir in der Moraltheologie in den fünfziger und sechziger Jahren erlebt haben. Möglicherweise werden sich in der Sozialethik, ähnlich wie in

---

[17] Vgl. oben Anm. 7.
[18] So A. Anzenbacher, aaO, 80f.
[19] Besonders pointiert die Kritik an der Sozialethik und Soziallehre bei W. Kroh, Katholische Soziallehre am Scheideweg, in: Theologische Berichte 14, 139–163; ausführlicher ders., Kirche im gesellschaftlichen Widerspruch. Zur Verständigung zwischen katholischer Soziallehre und politischer Theologie, München 1982. Zu neueren handlungstheoretischen Ansätzen vgl. H.-J. Höhn, Handlungstheorie und Sozialethik. Reflexionsstufen einer Ethik sozialen Handelns, in: Jahrbuch für christliche Sozialwissenschaften 29 (1988) 29–60. Gegen neuere Ansätze von F. Klüber u. A. Berchtold (naturrechtlich-laboristischer Fundamentalismus), H. Ludwig (evangelisch-aporetischer Laborismus) und W. Kroh (theologisch-politischer Fundamentalismus) wendet sich scharf L. Roos, Methodologie des Prinzips ‚Arbeit vor Kapital', in: Jahrbuch für christliche Sozialwissenschaften 29 (1988) 87–126.

der Moraltheologie, mehrere miteinander vermittelbare Ansätze herausschälen. Sie sind dann miteinander vermittelbar, wenn sie (1) von legitimen theologischen Ansätzen ausgehen, wenn sie (2) aus den theologischen Ansätzen nicht fundamentalistisch materielle Handlungsnormen für Gesellschaft, Wirtschaft, Recht und Politik ableiten, wenn sie (3) auf der Basis der Ordnung und des Wandels von gesellschaftlichen Normen, Institutionen und Systemen eine einsehbare und akzeptable, rational zu rechtfertigende ethische Theorie enthalten, und wenn sie (4) die sozialen Bewegungen beachten, die, wie Geschichte und Gegenwart zeigen, von innen her eine Wende in solchen gesellschaftlichen Strukturen und Systemen bewirken, die zutiefst inhuman sind.[20]

[20] Ähnlich auch A. Anzenbacher, aaO 80f.

Autoren und Herausgeber

Wilhelm Ernst, geb. 1927, Studium der Philosophie und Theologie in Paderborn, Freiburg und Erfurt, Promotion 1961, Habilitation 1971; Prof. für Ethik und Moraltheologie an der Theol. Fakultät in Erfurt, Mitglied der internationalen Theologenkommission in Rom.

Franz Furger, geb. 1935, Studium der Philosophie und Theologie in Löwen und Rom, von 1967–1987 Prof. für philosophische Ethik und Moraltheologie in Luzern, seit 1987 Prof. für Christliche Sozialwissenschaften und Direktor des gleichnamigen Instituts in Münster.

Rudolf Henning, geb. 1921; Dipl. Volkswirt, Dr. theol, von 1958–1964 wiss. Mitarbeiter am Institut. f. Christliche Sozialwissenschaften der Universität Münster, von 1964–1987 Prof. für Christliche Gesellschaftslehre an der Universität Freiburg/Breisgau.

Otfried Höffe, geb. 1943, Studium der Philosophie, Geschichte, Theologie und Soziologie in München, Saarbrücken und München, Habilitation in Philosophie, seit 1978 Prof. für Ethik und Sozialphilosophie sowie Direktor des Internationalen Instituts für Sozialphilosophie und Politik der Universität Freiburg (Schweiz).

Obiora Ike, geb. 1956, Studium der Theologie und Politikwissenschaft in Innsbruck und Bonn, Promotion in Bonn, Direktor des Katholischen Instituts für Entwicklung, Gerechtigkeit und Frieden, Nigeria.

Helmut Juros, geb. 1933; Prof. für Christliche Sozialethik an der Päpstlichen Akademie in Warschau und Direktor des dortigen sozialethischen Instituts.

Jan Kerkhofs SJ, geb. 1925, em. Professor für Pastoraltheologie an der Universität Löwen/Belgien, Geistlicher Beirat bei der UNIAPAC (Internationale christliche Unternehmervereinigung).

John Langan SJ, geb. 1940 in Hartford, Connecticut, Promotion in philosophischer Ethik, Professor für Christliche Ethik am „Kennedy Institute of Ethics" an der Georgetown University in Washington D. C.

João Batista Libânio SJ, geb. 1932, Prof. für Theologie in Belo Horizonte, Brasilien.

Alois Sustar, geb. 1920, Studium der Theologie in Rom, 1963–1971 Prof. für Ethik und Moraltheologie in Chur; 1971–1976 Bischofsvikar, 1977 Domkapitular in Laibach, seit 1980 Erzbischof von Laibach/Slowenien.

Joachim Wiemeyer, geb. 1954, Studium der Nationalökonomie und Theol. in Münster, Dozent für Politikwissenschaft und Sozialpolitik an Kath. Fachhochschule Norddeutschland Osnabrück/Vechta u. Sekretär der Sachverständigengruppe „Weltwirtschaft und Sozialethik" der Kommission X der deutschen Bischofskonferenz.

**Schriften des Instituts für Christliche Sozialwissenschaften
der Westfälischen Wilhelms-Universität Münster**

1 Geppert, Theodor: Teleologie der menschlichen Gemeinschaft. Grundlegung der Sozialphilosophie und Sozialtheologie. 1955.
3 Höffner, Joseph: Sozialpolitik im deutschen Bergbau. 1956, 2. Auflage.
4 Fernández, Joachim: Spanisches Erbe und Revolution. Die Staats- und Gesellschaftslehre der spanischen Traditionalisten im 19. Jahrhundert. 1957.
5 Fichter, Joseph H.: Soziologie der Pfarrgruppen. Untersuchungen zur Struktur und Dynamik der Gruppen einer deutschen Pfarrei. 1958.
6 Rauscher, Anton: Subsidiaritätsprinzip und berufsständische Ordnung in „Quadragesimo anno". Eine Untersuchung zur Problematik ihres gegenseitigen Verhältnisses. 1958.
7 Weber, Wilhelm: Wirtschaftsethik am Vorabend des Liberalismus. Höhepunkt und Abschluß der scholastischen Wirtschaftsbetrachtung durch Ludwig Molina SJ (1535–1600). 1959.
9 Deckers, Hans: Betrieblicher und überbetrieblicher Tarifvertrag? Die unterschiedlichen räumlichen Geltungsbereiche der Tarifverträge und ihre wirtschafts- und gesellschaftspolitische Beurteilung, dargestellt im Vergleich Deutschland – USA. 1960.
10 Henning, Rudolf: Der Maßstab des Rechts im Rechtsdenken der Gegenwart. 1961.
11 Adenauer, Paul: Mittelständische Investitionsfinanzierung in der sozialen Marktwirtschaft. Probleme in der Bundesrepublik Deutschland, dargestellt unter Berücksichtigung amerikanischer Erfahrungen. 1961.
12 Starke, Marie-Theres: Die Finanzierung der Krankenhausleistungen als sozial- und ordnungspolitisches Problem. Untersuchung über die Auswirkungen eines Übergangs zu kostendeckenden Pflegesätzen im Krankenhauswesen der Bundesrepublik Deutschland. 1962.
13 Weber, Wilhelm: Geld und Zins in der spanischen Spätscholastik. 1962.
14 Weyand, Alfons: Formen religiöser Praxis in einem werdenden Industrieraum. 1963.
15 Weber, Wilhelm: Stabiler Geldwert in geordneter Wirtschaft. Gegenwartsfragen der Währungsethik. 1965.
16 Elverfeldt, gt. von Beverfoerde-Werries, Anna Freiin von: Die Fürsorgeerziehung in Deutschland und den Niederlanden. Ein Vergleich. 1966.
17 Maaz, Wilhelm: Selbstschöpfung oder Selbstintegration des Menschen. 1967.
18 Antweiler, Anton: Eigentum. 1967.
19 Kuhlmann, Alfred: Das Lebenswerk Benedikt Schmittmanns. 1971.
20 Furger, Franz: Weltgestaltung aus Glauben. Versuche zu einer christlichen Sozialethik. 1989.
21 Heimbach-Steins, Marianne (Hg.): Naturrecht im ethischen Diskurs. Mit Beiträgen von Ludger Honnefelder, Bernhard Irrgang, Werner Kroh, Karl-Wilhelm Merks und Guido Vagedes. 1990.
22 Thiede, Christian: Bischöfe – kollegial für Europa. Der Rat der Europäischen Bischofskonferenzen im Dienst einer sozialethisch konkretisierten Evangelisierung. 1991.
23 Furger, Franz, in Zusammenarbeit mit Klaus Arntz, Peter Schallenberg, Thomas Schwartz (Hg.): Ethische Theorie praktisch. Der fundamental-moraltheologische Ansatz in sozialethischer Entfaltung. 1991.
24 Remele, Kurt: Ziviler Ungehorsam. Eine Untersuchung aus der Sicht christlicher Sozialethik. 1991.

Verlag Aschendorff Münster